世界でいちばん素敵な
# 神社の教室

The World's Most Wonderful Classroom of Shinto Shrine

伊勢・二見浦の夫婦岩(三重県)から朝日を見る。

## はじめに

鎮守の森に囲まれ、静寂の時間が流れる神社。
そんな神社に身を置くと、どういうわけか心が落ち着きます。

なにか困ったことがあったとしても、神社にお参りすれば、
神様の力を借りることができると気持ちが強くなるものです。

神社はまさに日本人の心のよりどころなのです。

でも、私たちは神社や神様についてどこまで知っているでしょうか。

平安神宮（京都府）。

神社、神宮、大社……同じ神社なのになにが違うのか？
神社の入口に建っている鳥居にどんな役割があるのか？
「八百万の神々」というけれど、神様はほんとうに800万もいるのか？

本書では、そんな神社や神様にまつわる不思議や秘密を、
美しい写真とともにやさしく解説しています。

私たち日本人の身近にあり続けてきた神社が、
ますます尊く、心に響くようになる神社巡りの旅の始まりです。

# Contents
目次

| | |
|---|---|
| P2 | はじめに |
| P6 | 神社が生まれたのはいつ頃？ |
| P10 | 神社、神宮、大社といろいろ呼び名があるけれど、なにが違うの？ |
| P14 | 神社でいちばん重要な建物はなに？ |
| P18 | お寺の本堂と神社の本殿、いちばんの違いはなに？ |
| P22 | 神社の入口に建っている鳥居の役割は？ |
| P26 | 狛犬にはどんな意味があるの？ |
| P30 | 森に囲まれている神社が多いのはどうして？ |
| P34 | ご神体にはどんなものがあるの？ |
| P38 | 神楽殿ではなにが行われるの？ |
| P42 | 恋の願いを叶えてくれる神社を教えて。 |
| P46 | お守りの中には、なにが入っているの？ |
| P50 | お寺と同居している神社があるのはなぜ？ |
| P54 | 神社ではどんな人が働いているの？ |
| P58 | 日本には神様が800万もいるってホント？ |
| P62 | 日本はどうやってできたの？ |
| P66 | 天岩戸ってなに？ |
| P70 | 出雲大社にも祀られている大国主神ってどんな神様？ |
| P74 | 最初に地上を支配した天皇陛下のご先祖様って誰？ |
| P78 | 伊勢神宮の内宮と外宮の関係を教えて。 |
| P82 | 古代の出雲大社は超高層建築だったってホント？ |

元乃隅稲成神社(山口県)。

| P86 | 広島観光でおなじみの厳島神社は なぜ海の上に建っているの? |
| P90 | 険しい山道を歩く熊野詣が 人気を集めたのはなぜ? |
| P94 | なぜ八幡様は全国各地に広まったの? |
| P98 | お稲荷さんといなり寿司の関係は? |
| P102 | 七福神はすべて日本の神様? |
| P106 | 富士山も神様なの? |
| P110 | 海の神様もいるの? |
| P114 | 鹿島大明神や香取大明神の掛け軸が 武道の道場に掛けられているのはなぜ? |
| P118 | 天候を左右する神様はいるの? |
| P122 | 人間を神様として祀っている神社もあるの? |
| P126 | 戦国武将を祀る神社が多いのはなぜ? |
| P130 | 神社の主要なお祭りが 春と秋に多いのはなぜ? |
| P134 | お祭りのとき、お神輿を 乱暴に扱って神様は怒らないの? |
| P138 | 迫力満点のお祭りを教えて。 |
| P142 | 神前結婚式の特徴を教えて。 |
| P146 | 全国神社マップ |
| P148 | 全国神社データリスト |
| P156 | 終わりに |
| P158 | 監修者プロフィール・参考文献 |

長野・山梨両県の県境に位置する金峰山（きんぷさん）山頂の五丈岩。この巨岩は金櫻（かなざくら）神社のご神体とされています。

# Q 神社が生まれたのはいつ頃？

# A ルーツとされる巨岩・聖域信仰は紀元前にまで遡ります。

最初期の神社には、本殿や拝殿といった常設の建物はありませんでした。当時の人々は、巨岩や巨木などを神様が宿る場所と信じ、そこで祭祀を行っていました。そうした信仰の起源は古墳時代（3〜7世紀頃）、さらには縄文時代（紀元前14000年〜紀元前4世紀頃）にまで遡るといわれています。

# 自然の中に神々が宿る――。
# 古代の人々はそう考えていました。

狩猟・採集の生活から生まれたアミニズム（自然崇拝）が
神様を地上に招いてもてなそうとする祭祀を生み、
その祭祀の場に神社が形成されたのです。

## 巨岩が神社に発展した経緯を教えて。

**A** お寺の登場がきっかけの1つでした。

神様が宿るとされた巨岩は磐座（いわくら）、あるいは磐境（いわさか）、樹木は神籬（ひもろぎ）と呼ばれていました。やがて人々は、そこに注連縄（しめなわ）を張り巡らせたり、玉砂利（たまじゃり）を敷き詰めたりして祭場とします。これをヤシロ（社）といいます。ヤシロはお祭りのたびに設けられる臨時の祭場でしたが、お祭りの規模の拡大や儀式の複雑化、さらに仏教寺院の登場などの影響により、現在のような常設の神社がつくられるようになったのです。

## 神社の発展

| 磐座の登場 → | ヤシロの形成 → | 今日の神社へ |
|---|---|---|
| 渭伊神社（静岡県） | 宗像大社（福岡県） | 八坂神社（京都府） |
| 宇治上神社（京都府） | 山宮浅間神社（静岡県） | 伊勢神宮（三重県） |
| 常設の建物はない。磐座（磐境）と呼ばれる巨岩、神籬と呼ばれる樹木などに神様が宿り、お祭りのたびにそこに神様が去来すると信じられていた。 | 人々は磐座や神籬に注連縄を張り巡らせたり、玉砂利を敷き詰めたりしてヤシロ（社）を設置。神様が降臨することを願い、祭りを行った。 | 祭りの規模の拡大、儀式の複雑化にともない、簡易的なヤシロでは不便になる。仏教寺院登場の影響もあって、現在につながる常設の神社がつくられた。 |

## Q2 「神社」という言葉はいつ頃からあったの?

**A** 天武天皇の時代に初登場しました。

日本最古の歴史書『日本書紀』の天武天皇13(684)年10月14日の記事に「寺塔神社」という言葉がみえます。大地震が起こり、この神社も被害を受けたようですが、これが史料に初めて登場した神社です。

## Q3 いちばん古い神社はどこ?

**A** 大神神社(おおみわ)とされています。

三輪山(みわやま)の麓に鎮座する大神神社(奈良県)は、創建年こそ明らかになっていませんが、神武天皇の即位よりも前の神話時代に起源をもつといわれています。大国主神(おおくにぬしのかみ)が自身の霊魂の一部である和魂を三輪山に鎮め、大物主神(おおものぬしのかみ)の名前で祀ったのが始まりだそうです。

大神神社の拝殿。

## Q4 全国にどれくらい神社があるの?

**A** 8万以上あります。

文化庁編集の『宗教年鑑(平成29年度版)』によると、現在、日本には8万1158もの神社があります。お寺も7万7256と多いのですが、神社はそのさらに上をいきます。

大神神社の二の鳥居。

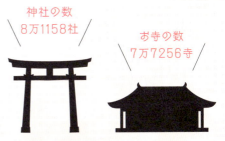

神社の数 8万1158社

お寺の数 7万7256寺

出典:『宗教年鑑(平成29年度版)』文化庁

Q
神社、神宮、大社と
いろいろ呼び名があるけれど、
なにが違うの？

最高位の「神宮」の1つで
ある伊勢神宮（三重県）。

# A
# 格式が違います。

神社にも「社号」と呼ばれる"格付け"があります。最高位にランクされるのは伊勢神宮をはじめとする「神宮」。皇室にゆかりのある祭神を祀る神社です。次の「大社」は地域の信仰の中心となる大きな神社につけられる社号で、本来は出雲大社のみでした。「宮」にも由緒ある神社が多いです。それ以外の一般的な神社が「神社」とされ、「社」は祭神が分霊された神社につけられる傾向があります。

写真：KENJI GOSHIMA／アフロ

神社の基礎知識〜神社の格式

# 最高位の「神宮」の中でも伊勢神宮の権威は"別格"です。

伊勢神宮の祭神は、皇室の祖先とされる天照大御神。
それゆえ権威はダントツに高く、
かつて「神宮」を名乗っていたのは伊勢神宮だけでした。
現在でも、「神宮」といえば伊勢神宮を指します。

伊勢神宮。

## 神社の系統と格式

**宮系**

| 神宮 | 古来皇室に縁のある神社や、歴代天皇を祭神とする神社など |
|---|---|
| 大神宮 | 伊勢神宮ないし伊勢神宮から分祀された神社 |
| 宮 | 皇族を祭神とする神社が多い |

**社系**

| 大社 | その地域の信仰の中心となっている規模の大きな神社 |
|---|---|
| 神社 | 一般的な神社 |
| 社 | 総本社から祭神を分霊した神社が多い |

神社は「宮系」と「社系」の2系統に分けられます。

## Q 地域ごとの格付けもあったの？

### A 一ノ宮がその地域で最上位の神社でした。

全国各地に一ノ宮（一宮）、二ノ宮（二宮）、三ノ宮（三宮）……という地名がありますが、それは一国内の神社の中で最も格式の高い神社に由来していることが多いです。たとえば、下野国（栃木県）では宇都宮二荒山（ふたあらやま）神社と日光二荒山（ふたらさん）神社、石見国（島根県）では物部（もののべ）神社、伊予国（愛媛県）では大山祇（おおやまづみ）神社が一ノ宮を称していました。

大山祇神社。

物部神社。

宇都宮二荒山神社。

##  「○○八幡(はちまん)」、「○○稲荷(いなり)」のように、なぜ同じ名前の神社がたくさんあるの？

### A 同じ神様を祀っているからです。

神道では、神様はどんなに分けたとしても力は変わらないという分霊・分祀の考えがあります。そのため、祭神の根源とされる総本社から神様を分けてもらい、個別で祀る神社が増えたのです。これを分社といい、八幡神の分社は7817社、稲荷神は2970社にも達するといわれています。

### 分社の多い神社ランキング

出典：神社本庁調べ

| 順位 | 信仰（総本社） | 神社数 |
|---|---|---|
| 1 | 八幡信仰（宇佐神宮／大分県） | 7817 |
| 2 | 伊勢信仰（伊勢神宮／三重県） | 4425 |
| 3 | 天神信仰（北野天満宮／京都府） | 3953 |
| 4 | 稲荷信仰（伏見稲荷大社／京都府） | 2970 |
| 5 | 熊野信仰（熊野三山／和歌山県） | 2693 |
| 6 | 諏訪信仰（諏訪大社／長野県） | 2616 |
| 7 | 祇園信仰（八坂神社／京都府） | 2299 |
| 8 | 白山信仰（白山比咩神社／石川県） | 1893 |
| 9 | 日吉信仰（日吉大社／和歌山県） | 1724 |
| 10 | 山岳信仰（なし） | 1571 |

##  日本の神社をまとめている組織はあるの？

### A 神社本庁が統括しています。

日本全国に約8万社あるとされる神社は、神社本庁がまとめています。昭和20（1945）年に結成された宗教法人で、東京都渋谷区代々木に事務所を置いています。ただし、神社本庁に属さずに活動している神社も2000社ほどあります。

日本全国の神社を統括する神社本庁。

岡山県にある吉備津（きびつ）神社の社殿。

# Q
## 神社で
## いちばん重要な建物はなに？

A
## 社殿です。
しゃでん

神社でいちばん重要な建物は、神様が住んでいる社殿。
境内の奥に位置していることが多いです。

神社の建築物〜社殿と建物群

# 社殿は本殿（正殿・神殿）と拝殿に分かれています。

通常、社殿は手前の拝殿と奥の本殿の2つからなります。
現代の家にたとえれば、本殿は母屋、拝殿は応接間。
神様は本殿に鎮座しており、
神社の関係者もあまり立ち入ることはありません。
一般の参拝者が入れるのは拝殿までです。

### Q1 本殿の中には、なにがあるの？

**A** ご神体が祀られています。

神様が降り、宿っているとされるご神体が安置されています。具体的には、御幣（ごへい）や「三種の神器」にちなんだ「鏡」「玉」「剣」などです。

武田八幡宮（山梨県）の本殿。　　　神様が宿る御幣。

### Q2 拝殿はなにをする場所なの？

**A** 文字どおり、神様を拝みます。

参拝者は拝殿の前に立ってお賽銭（さいせん）を投げ、拍手を打ち、拝礼します。拝殿内部の奥には供え物をささげるための幣殿（へいでん）が置かれています。

氷川神社（埼玉県）の拝殿。

## 本殿のない神社はあるの？

A 大神(おおみわ)神社には本殿がありません。

大神神社（奈良県）のご神体は三輪山（みわやま）です。山を殿内に祀ることはできないので、同社の境内に本殿はありません。三輪山そのものが本殿とされています。古い神社ほど、本殿と拝殿が揃っていないケースがよく見受けられます。

三輪山は一木一草に至るまで神宿るものとして尊ばれています。

## 神社にはほかにどんな建物があるの？

A 鳥居(とりい)、手水舎(てみずしゃ)、摂社(せっしゃ)・末社(まっしゃ)、神楽殿(かぐらでん)などがあります。

神社の入口には、地図記号でおなじみの「鳥居」が建っています。鳥居の近くには「手水舎」があり、ここで手を浄めます。参道沿いに「灯篭（とうろう）」や「狛犬（こまいぬ）」を見かけることも少なくありません。そのほか、社殿の周囲や参道脇にある小さな社・祠「摂社・末社」、神楽を奉納する「神楽殿」、神宝やお神輿を納める「神宝庫」、絵馬を掲げておく「絵馬殿」、お祭りの準備や事務を行う「社務所」などがあります。

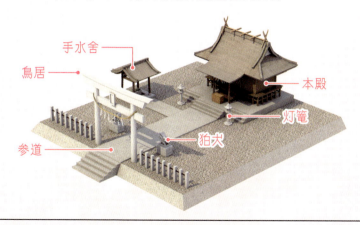

古代の建築様式を伝える
出雲大社（島根県）。

# Q
## お寺の本堂と神社の本殿、
## いちばんの違いはなに？

# A
## 屋根瓦を使わず、
## 高床式になっている点です。

日本の伝統建築といえばお寺と神社。その2つを比べてみると、多くの違いがあります。お寺の屋根には瓦が敷かれ、柱の下には土台となる礎石が置かれています。一方、神社の屋根は檜皮葺（ひわだぶき）や板葺（いたぶき）。比較的新しい神社は瓦葺も多いのですが、かつては瓦葺といえばお寺でした。また、神社は床面を地面から離した高床式になっています。お寺は装飾が多いのに対し、神社は簡素といった違いもあります。

写真：西垣良次／アフロ

神社の建築物〜建築様式

# 神社は仏教への対抗意識から次第に立派なものになりました。

もともと神社の建物は、装飾性があまりない簡素なものでした。
しかし、大陸から仏教が伝わると、それに神社が刺激され、社殿などが大きく立派になりました。
神社建築が変化した背景には、外来の宗教の影響があったのです。

 神社の建築様式にはどんなものがあるの？

A　神明造（しんめいづくり）と大社造（たいしゃづくり）が2大建築様式です。

神社の建築様式といえば、最も重要な建物である社殿（本殿）の建築様式を指します。本殿に多いのは「神明造」と「大社造」。伊勢神宮に代表される神明造は、屋根が下がっている面が正面を向く平入り構造です。高床式の穀物倉に起源があるとされています。一方、出雲大社に代表される大社造は、屋根の三角形に見える面が正面を向く妻入り構造で、こちらは古代の住居に起源があるとされています。

## 神明造

伊勢神宮の御稲御倉（みしねのみくら）。神明造は、屋根が下がっている面を正面とする平入りを基本とします。

## 大社造

現存最古の大社造とされる神魂神社（島根県）の本殿。大社造は、屋根が三角形に見える面を正面とする妻入りを基本とします。

## Q2 社殿の屋根の上についている木の意味は？

### A 古代建築の名残と考えられています。

2本の木をX状に交叉させたものを千木といい、竪穴式住居時代の装飾の名残といわれています。一方、水平に並べたものを鰹木といい、古代には屋根を上部から押さえる役割がありましたが、やがて装飾具となりました。鰹木は奇数・偶数で祭神の男女を示すともいわれますが、根拠はありません。

2本の木をクロスさせた千木。

木を水平に並べた鰹木。

## Q3 社殿の建築様式には、ほかにどんなものがあるの？

### A 権現造（ごんげんづくり）や八幡造（はちまんづくり）などが有名です。

日光東照宮（栃木県）に代表される「権現造」は、本殿と拝殿を屋根でつなげた複合方式。シンプルな神明造とは対照的に、寺院建築の影響を受けて豪奢なつくりになっています。宇佐神宮（大分県）に代表される「八幡造」は本殿と拝殿が前後に並ぶ形式で、やはり寺院建築の影響を色濃く受けています。そのほか、「流造」や「住吉造」「春日造」などがあります。

2殿を前後に並列する八幡造（宇佐神宮）。

切妻造の屋根を前方に延ばした流造（伏見稲荷大社）。

本殿と拝殿が屋根でつながる権現造（日光東照宮）。

---

★COLUMN★

## 神社には家紋ならぬ神紋（しんもん）がある

武家の家紋と同じように、神社には神紋という紋章があります。皇室の紋章でもある菊紋、徳川家ゆかりの三つ葉葵紋、抱き稲の紋など植物を元にしたデザインが多く、基本形だけでも200種類以上あるとされています。

抱き稲の紋はお稲荷さんの神紋です。

茨城県にある大洗磯前（おおあらいいそさき）神社の神磯（かみいそ）の鳥居。

# Q
## 神社の入口に建っている鳥居の役割は？

## A
## 神域と俗界の境界を示しています。

鳥居は神域と俗界の境目に建てられています。つまり、「ここから先は神様の領域ですよ」ということを示す役割があります。また、鳥居をくぐることにより、心身が浄められるという祓（はら）いの意味ももっています。

神社の建築物〜鳥居と注連縄

# 地図の記号でもある鳥居は、まさに神社のシンボルです。

山に、森に、海に、川に……神社のあるところには必ず鳥居があります。本殿や拝殿がない神社はあっても、鳥居がない神社はまずありません。神社の建築物の中で最も古いのは鳥居ともいわれています。そうした意味で、鳥居はまさに神社の象徴なのです。

## 鳥居の形は何種類あるの？

**A** たくさんありますが、神明系（しんめい）と明神系（みょうじん）に分けられます。

神明系鳥居は装飾がほとんどない素朴なつくりです。明神系鳥居は笠木と島木が上に反っていたり、装飾が加えられている点が特徴です。

### 鳥居の構造

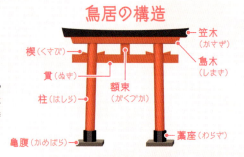

楔（くさび）・貫（ぬき）・柱（はしら）・亀腹（かめばら）・笠木（かさぎ）・島木（しまぎ）・額束（がくづか）・藁座（わらざ）

### 神明系鳥居

伊勢神宮（三重県）の伊勢鳥居。

鹿島神宮（茨城県）の鹿島鳥居。

### 明神系鳥居

日枝神社（東京都）の山王鳥居。

氣比神宮（福井県）の両部鳥居。

## ② 鳥居と同じような役割の飾りはほかにもある?

### A 注連縄(しめなわ)も神様の領域を示しています。

鳥居と同じように、注連縄も神域と俗界の境界を意味しています。ただし、注連縄は立入禁止のサインでもあり、拝殿にかけられた注連縄は「ここから先へ進んではいけない」と警告していることになります。ちなみに、注連縄の起源は、天岩戸(あまのいわと)からようやく外へ出てきた天照大御神(あまてらすおおみかみ)を再び引きこもらせないように、神様たちが入口に縄を張ったという神話にあります。

出雲大社(島根県)の巨大注連縄。

### 注連縄の種類

**前垂(まえだれ)注連**
鳥居や社殿などにかけられる最も一般的なタイプです。

**大根(だいこん)注連**
これも神棚などでよく見かけるタイプです。

**牛蒡(ごぼう)注連**
社殿や家庭の神棚などでよく見かけるタイプです。

---

★COLUMN★
## 123基の鳥居が連なる話題の神社

「鳥居は神社の入口」というと、1つの神社につき1つと思われるかもしれませんが、必ずしもそうとはかぎらず、複数の鳥居を有する神社がたくさんあります。中でも最近注目されているのが山口県の元乃隅稲成(もとのすみいなり)神社。海岸沿いの参道に鮮やかな朱塗りの鳥居が123基連なっています。鳥居の赤が海の青によく映え大人気の観光スポットとなっています。

真っ赤な鳥居が海岸沿いへと続きます。

諏訪大社（長野県）の狛犬。

Q
狛犬には
どんな意味があるの？

A
# 番犬のような存在です。

神社の参道の左右には、一対の獣の像が置かれています。これを狛犬といい、悪霊の侵入を防ぎ、神域を守る役割を担っています。

# 狛犬がライオンに似ているのは
# スフィンクスを模したから？

狛犬はどことなくライオン（獅子）に似ています。
一説によると、狛犬の起源は聖域を守るために
古代エジプトなどに置かれた獅子の像なのだとか。
スフィンクス（獅身人面像）も王様や神様を守るシンボルです。
狛犬は神域を守ってくれる頼もしい存在なのです。

## Q 口を開けている狛犬と
閉じている狛犬ではなにが違うの？

### A 1頭は「阿あ」、もう1頭は「吽うん」と言っています。

社殿に向かって右側の狛犬は口を開けて「阿」、左側の狛犬は口を閉じて「吽」の形をとっています。お寺の仁王（におう）様と同じ阿吽の形です。阿吽は古代インドの言葉で「A」と「Z」に当たり、物事の始まりと終わりを表すとされています。

鎌倉（神奈川県）の鶴岡八幡宮・二の鳥居前の狛犬。

厳島神社（広島県）の吽形の狛犬。

同じく厳島神社の阿形の狛犬。

## ② 狛犬のほかに動物の像はあるの？

### A 狐、蛇、烏などが、神様の使者として仕えています。

神社に置かれている動物の像は、狛犬だけではありません。鹿、牛、烏、兎、猿、鶏、亀など、さまざまな動物の像が置かれています。こうした動物たちは神様のお使いとして神聖視され、「神使（しんし）」「使わしめ」「眷属（けんぞく）」などと呼ばれてきました。神使となる動物は神社によって異なり、それぞれに由来があります。

牛（北野天満宮／京都府）。

兎（調神社／埼玉県）。

猿（日枝神社／東京都）。

鶏（鶏石神社／福岡県）。

亀（松尾大社／京都府）。

狼（三峯神社／埼玉県）。

鹿（太宰府天満宮／福岡県）。

## ③ 参道の真ん中を歩いてはいけないのはなぜ？

### A 神様の通り道だからです。

神社へ参拝するとき、よく「参道の真ん中を歩いてはいけない」といわれます。それは、参道の中心は「正中（せいちゅう）」と呼ばれる神様の通り道だからです。中央は避けて歩くようにしましょう。また、参道が曲がっているのは、帰るときに神様にお尻を向けないようにするための工夫です。

宮地嶽（みやじだけ）神社（福岡県）の参道。

熊本県にある杉林の中に鎮座する上色見熊野座（かみしきみくまのいます）神社。

## Q 森に囲まれている神社が多いのはどうして？

## A 神様が木立の生い茂る森を好むためです。

神社の周囲に生い茂る森のことを「鎮守(ちんじゅ)の森」といいます。古来日本人は、神様は降臨したり、宿ったりする場所として高い木を好むと考えました。そこから、神社は森の中に建てられるようになったのです。

神社の建築物〜鎮守の森

# 神社は、森と一心同体。
# 常に緑に包まれていました。

『万葉集』には、「神社」と書いて「もり」と読ませる歌がいくつか収録されています。また、神社を表す「社」という字も「もり」と読みます。これらは、神社と森が古くから同一視されていたことの証です。

**Q1** 鎮守の森によく生えている樹木はなに？

**A** 杉や檜(ひのき)が目につきます。

鎮守の森には、杉、檜、松、榊(さかき)、楠(くすのき)などの常緑広葉樹が多いです。常緑広葉樹は、いつまでも姿を変えず、みずみずしい緑をたたえ、神威の高さの象徴になるからです。

水田の中にたたずむ鎮守の森(南宮神社／宮城県)。

**Q2** 「ご神木(しんぼく)」と呼ばれる木があるけど、有名なご神木を教えて。

**A** 日本一の巨樹、蒲生(かもう)の大楠(おおくす)は必見です。

神社では樹齢を重ねた巨木や独特の外見をした木などが、神様の宿るご神木とみなされ、大切に扱われます。蒲生八幡神社(鹿児島県)は、「蒲生の大楠」と呼ばれる樹齢推定1500年、根周り約34m、高さ約30mという日本一の楠をご神木として祀っています。伏見稲荷大社(京都府)や大神神社(奈良県)の「験(しるし)の杉」、春日大社(奈良県)や熊野速玉大社(和歌山県)の「梛(なぎ)」なども有名なご神木です。

蒲生の大楠は、国の特別天然記念物に指定されています。

# Q3 なぜ榊の木は特別視されているの？

## A 神事に欠かせない樹木だからです。

榊もまた鎮守の森や境内でよく見かける常緑樹で、さまざまな神事に用いられています。一年中、青々とした葉を茂らせていることから、神様のエネルギーの象徴とみなされたのでしょう。榊という文字が「木」と「神」を組み合わせてできていることからも、その重要性がみてとれます。

榊は神前に捧げる玉串（たまぐし）に用いられたり、鳥居に飾られたりします。

## ★COLUMN★ 明治神宮の森は人工物？

明治天皇を祀る明治神宮（東京都）。大正9(1920)年に創建されたこの神社の周囲にも、豊かな森が広がっています。いわゆる「神宮の森」です。神道では自然を重んじますが、神宮の森は人の手によってつくられました。植物学者たちが100〜150年後を見据えて計画を立て、土質に合った照葉樹を中心に植林を実施。その結果、まるで自然林のような見事な森ができたのです。

明治神宮の敷地面積は東京ドーム15個分もあります。

# Q ご神体には
どんなものがあるの？

蛙のような形をした巨大な岩「ゴトビキ岩」をご神体とする神倉神社（和歌山県）。

## A 山、滝、島、巨石、鏡、剣などがあります。

神社で最も重要視されているものが「ご神体」です。ご神体とは、神様が宿る物体のこと。お寺は仏像をご本尊として崇めますが、神社では神様が宿るものを祀るのです。具体的には、山、滝、島、巨石などの自然物や、鏡や剣などがあげられます。

35

神社の建築物〜ご神体

# 最初は自然物のご神体が多く祀られていました。

神社に建物がなかった時代には、自然の造形物をご神体として崇めていましたが、本殿がつくられ始めると鏡や剣などがご神体に定められ、本殿に祀られるようになりました。

## ① 本殿に入らない巨大な自然物がご神体の場合は、どう扱っていたの？

**A** ご神体の前に拝殿を設けて拝んでいました。

いくらご神体だからといっても、巨大な山、滝、島、巨石などを本殿に納めることはできません。そこでご神体の前に礼拝のための拝殿を設けたり、代わりのものを本殿に祀ったりして崇めていました。

和歌山県の飛瀧（ひろう）神社は那智の滝をご神体として崇めています。

筑波山神社（茨城県）などがご神体とするのは筑波山。

福岡県の宗像（むなかた）大社の沖津宮（おきつぐう）は沖ノ島をご神体としています。

## ② 神職でさえ見たことのないご神体があるってホント？

**A** ホントです。

秘仏といわれるお寺のご本尊が開帳されることはありますが、神社の本殿に安置されたご神体が参拝客に披露されることはまずありません。神職でさえ、本殿内の掃除などを除けば、ご神体を見ることはほとんどありません。

## Q3 自然物以外の ご神体について教えて。

### A 三種の神器が代表例です。

自然物以外のご神体で多いのは鏡・玉・剣。これらは「三種の神器」に共通する品々です。三種の神器とは、天照大御神（あまてらすおおみかみ）が孫の瓊瓊杵尊（ににぎのみこと）に授けたとされる「八咫鏡（やたのかがみ）」「八尺瓊勾玉（やさかにのまがたま）」「草薙剣（くさなぎのつるぎ）」のことで、歴代天皇が皇位のしるしとして受け継いできました。八咫鏡は伊勢神宮、草薙剣は熱田神宮（愛知県）にご神体として祀られ、八尺瓊勾玉は皇居の剣璽（けんじ）の間に安置されています。

三種の神器のイメージ。

草薙剣を祀る熱田神宮。

八咫鏡を祀る伊勢神宮。

## Q4 ほかに、 どんなご神体があるの？

### A 仏像ならぬ 神像（しんぞう）を祀る神社もあります。

僧形八幡神（そうぎょうはちまんしん）像のように神様をかたどった神像をご神体としている神社もありますが、神像は仏像ほど多くありません。また、仏像のように公開されることもありません。御幣（ごへい）をご神体としている神社も多いです。御幣とは紙垂（しで）を幣串（へいぐし）に挟んだもので、神様を表します。

僧形八幡神僧。

宮崎県高千穂町に伝わる夜神楽。

Q
神楽殿(かぐらでん)では、なにが行われるの？

## A
### 神事芸能の神楽(かぐら)が奉納されます。

神楽殿は神様を招いて舞を捧げる建物です。正方形に近い高舞台で、「神楽」と呼ばれる神事芸能が行われます。

神社の建築物〜神楽殿と芸能

# 神様は昔から
# 派手な踊りが大好きでした。

天 岩戸(あまのいわと)に引きこもった天照大御神(あまてらすおおみかみ)を
天 鈿女命(あめのうずめのみこと)が舞を披露して外に出したように、神様は踊りを好みます。
そんな神様を喜ばせようと、神楽殿で舞踏儀礼が行われてきました。

## Q 宮中に伝わる御神楽(みかぐら)はどんなもの?

### A 天岩戸神話に由来する舞です。

神楽は宮中に伝わる御神楽と、民間に伝わる里神楽(さとかぐら)に分けられます。御神楽は天岩戸神話の天鈿女命の舞がルーツとされており、毎年12月中旬の深夜に天照大御神を祀る賢所(かしこどころ)の前庭で行われています。

巫女さんによる神楽の舞。

天岩戸神社(宮崎県)にある天鈿女命像。

## COLUMN 相撲も神事なの?

現在、日本伝統の格闘技として親しまれている相撲は、もともと神事でした。力士が土俵に塩をまいたり、まわしに注連縄を巻いているのはその名残です。かつては勝敗でその年の豊作を占うために神事相撲がとられたり、収穫期には神様への感謝をこめて奉納相撲がとられたりしました。

土俵上の吊り屋根は神社の屋根に似ています。

40

## ② 民間で行われる里神楽の中で有名なものはなに？

**A** 高千穂神楽や出雲神楽などが知られています。

高千穂神楽は宮崎県高千穂町に伝わる夜神楽。毎年11月中旬から翌年2月上旬まで、民家や天岩戸神社、高千穂神社で行われます。天岩戸神話などの神話をモチーフにした神楽を夜を徹して奉納することで、収穫に感謝し、翌年の豊穣を祈ります。島根県の出雲神楽や石見（いわみ）神楽もこれと同じ系統です。ほかに、伊勢神楽なども有名です。

高千穂の夜神楽における手力雄（たぢからお）の舞。

石見神楽では大蛇が登場します。

伊勢神宮の神楽に起源をもつ伊勢神楽。

---

## ③ 神楽と関係の深い雅楽（ががく）について教えて。

**A** 大陸文化と融合してできた世界最古級の音楽です。

雅楽は、楽器による演奏と舞踏、声楽をあわせた音楽です。日本固有の伝統歌舞である神楽や東遊（あずまあそび）と、中国や朝鮮半島から伝わった舞楽が融合して、千数百年前に誕生しました。宮中の儀式や園遊会などの祭典でよく演奏されます。

雅楽は10世紀頃に完成し、現在まで伝承されてきました。

出雲大社（島根県）では、毎年10月に神様による縁結び会議が開かれます。

## Q
## 恋の願いを叶えてくれる神社を教えて。

## A
## 縁結びのご利益では
## 出雲大社が有名です。

10月の旧暦を「神無月（かんなづき）」というのは、日本全国の神様が出雲大社に集まるからとされています。神様たちが出雲でなにをしているのかというと、縁結びの話し合いをしているそうです。そのため、出雲大社は縁結びにご利益がある神社として知られるようになったのです。

ご利益

# 神社ごとにご利益が異なるのは、神様ごとに得意分野が違うから。

神社にお参りするとき、誰もが神様にお願いをしますが、神様にもそれぞれ持ち分けがあります。
一般的にお稲荷様は商売繁盛、天神様は学業成就など、
その神社がどの神様を祀っているかで、神頼みの成果も違ってくるのです。

## ① ご利益は地域ごとに特色があるの?

### A 特にありません。

ほとんどの神社は地域の氏神様です。その土地に住む人々の平安や五穀豊穣を願い、感謝するところです。そうした中で祀られている神様ごとにご利益の特徴がでてきます。そして崇敬者の評判によりご神威が高まってきました。そのため、地域ごとのご利益の特徴は特にありません。

## ② 出雲大社以外に縁結びで有名な神社はある?

### A 東京大神宮が話題です。

東京・飯田橋の東京大神宮は、若い女性の間で「お参りすると恋人ができる」と評判です。この神社が祀る造化(ぞうか)の三神は縁結びの神様。また、神前結婚式を日本で初めて実施した神社でもあります。そうした理由で縁結びのご利益が期待できるとされています。

東京大神宮のご利益は口コミで噂が広まりました。

人気の縁結び絵馬。

初夏には七夕祈願祭が開かれます。

## Q3 宝くじが当たると評判の神社はどこ？

**A** 宝当神社や金持神社、富来神社などが有名です。

多くの人がお金持ちになりたいという願いをもっています。そのせいか、宝くじが当たると評判の神社が全国各地にあります。宝当神社（佐賀県）、富来神社（大分県）、金持神社（鳥取県）、金（こがね）神社（愛知県）などは、その名前から宝くじに当たるご利益があるとされ、多くの人々が参拝に訪れています。

宝当神社。　　　　　　　　　　　　　　　金持神社。

## Q4 芸能人になりたい人におすすめの神社は？

**A** その名もズバリ、芸能神社をお参りしてください。

京都・嵐山にある芸能神社は、芸能を司る天鈿女命（あめのうずめのみこと）を祀る神社。芸能関係者の要望によって建てられました。多くの芸能人や芸術家が祈願に訪れており、玉垣に奉納した芸能人の名前が記されています。

芸能神社。

## Q5 ユニークなご利益の神社をもっと教えて。

**A** 貧乏神を祀っている神社があります。

牛天神といわれる北野神社（東京都）の境内にある太田神社には、貧乏神として知られる黒闇天女（こくあんてんにょ）様が祀られています。貧乏神といっても、参拝すると貧乏になるというわけではありません。黒闇天女は弁財天様の妹、つまり福の神と表裏一体の存在で、護符を祀ると福の神に変わると信じられています。

太田神社。

写真：森川秀典／アフロ

## Q お守りの中には、なにが入っているの？

お守りには神霊が宿っています。

## A 神霊の宿る紙片や木片が入っています。

お守りは、お札をコンパクトにして携帯に便利な形にしたものです。お守りの中には神社や神様の名前、神様や神使（しんし）の絵、祈祷文などが書かれた紙片や木片が入っています。

お守り・札・絵馬

# 神社でいただくお守りには、神様の霊力が宿っています。

古来、日本人はさまざまな災厄や悪霊から身を守るため、神様の霊力が宿ったものをもち歩いていました。それを小型化し、小袋に入れたのがお守りです。小袋は本殿、その中身はご神体と同じ。中身が気になっても、開けてはいけません。

古代の日本人は、このような勾玉（まがたま）などをお守りにしてもち歩いていました。

## Q1 お守りはいつまで効力があるの?

### A 1年間とされています。

お守りの効力は1年間とされています。新しい年を迎えるたびに神威が更新されると考えられているからです。これは稲作と密接に関係しています。稲は日本人の主食であり、生命力や富の根源。その稲をつくる作業が1年周期であることが、お守りの起源にも適用されたと考えられています。

1年間お世話になったお守りは「お礼参り」の際に返却しましょう。

## Q2 おみくじで大吉を引く割合はどれくらい?

### A 神社によってまちまちです。

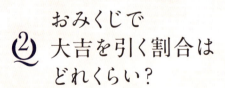

おみくじに入っている吉凶の割合は、神社によって異なります。縁起が悪いので大凶は入れなかったり、吉凶は書かずに和歌だけで神様の助言を伝える神社もあります。いずれにせよ、判断の難しいことや予想のつかない将来などについて、くじを引いて神意を問うものですので、よいほうに利用することが大切です。

引いたおみくじは境内の所定の場所に結びます。

## ③ ユニークなおみくじがあったら教えて。

**A** 松陰(しょういん)神社の「傘(かさ)みくじ」がかわいらしいと評判です。

幕末の教育者・吉田松陰を祀る松蔭神社（山口県）には、小さい和傘に運勢が書かれたキュートなおみくじがあります。「傘が開く」と「開運」をかけたおみくじで、ひそかな話題になっています。

木の枝に吊るされた傘みくじ。

## ④ ほかにもかわいらしいおみくじはないの？

**A** 春日大社の「鹿みくじ」も人気です。

春日大社（奈良県）といえば、鹿を神様の使いとみなしていることで有名です。境内ではたくさんの鹿を目にします。その鹿を奈良の伝統工芸、一刀彫で彫ったのが「鹿みくじ」。口におみくじをくわえた愛らしい鹿の彫り物はお土産にもぴったりです。

手づくりの鹿みくじ。

## ⑤ 狐や猿なども描かれているのに、なぜ絵馬っていうの？

**A** かつては馬を奉納していたからです。

馬は神様の乗り物とされていて、祭祀の際に生きた馬が神様に捧げられていました。それが木や土でつくった馬の像になり、さらに簡略化されて馬の絵を描いた木の板に変わりました。現在のようにさまざまな絵が描かれるようになったのは、鎌倉時代以降のことです。

これも絵馬と呼びます。

浅草神社は浅草寺の本堂の
すぐそばにあります。

Q お寺と同居している
　神社があるのはなぜ？

## A 神様と仏様が同等に信仰され、境界線が曖昧になったからです。

6世紀中頃の仏教伝来以降、神道と仏教はお互いに影響を与えながら発展し、神様と仏様が融合した神仏習合（しんぶつしゅうごう）の考え方が生まれます。その思想を背景に、神社の境内にお寺が建てられたり（神宮寺）、お寺と神社が併設されたりするようになりました（鎮守）。三社祭（さんじゃまつり）で有名な浅草（あさくさ）神社は浅草寺（せんそうじ）の鎮守として信仰を集めています。

神仏習合

# 神社とお寺は仲違いすることなく、共存共栄でやってきました。

神社とお寺、神道と仏教は対立関係にはありません。
神道では神様は大勢いると考え（多神教）、仏様も外来の神様とみなします。
神社の近くに神宮寺を建て、そこでお経を読んだり写経をしたりといったこともあたり前のように行われてきました。
こうした神仏の融合が明治時代の神仏分離令まで続いたのです。

## Q1 神様と仏様の関係をもっと教えて。

### A 神様を仏様の化身とする考え方があります。

神様は人々を救うために仏様が姿を変えたものだとするのが「本地垂迹（ほんじすいじゃく）説」で、これにより神様は仏様の化身とみなされました。一方、仏様もまた神様だとするのが「反本地垂迹説」で、これは神様は大勢いるという多神教の考えに基づいています。

天照大御神（あまてらすおおみかみ）の化身とされる大日如来。

八幡神などの化身とされる阿弥陀如来（鎌倉の大仏）。

## Q2 仏像はたくさんあるのに神像が少ないのはなぜ？

### A 神様は目に見えないからです。

神道では、神様はものに宿り、実体をもたない存在だと考えられています。実体がなく目に見えないので、像はあまりつくられません。

## Q3 神道と仏教に違いはないの?

**A** 神道は民族宗教、仏教は世界宗教です。

「開祖のいない神道、お釈迦様が開いた仏教」「教典のない神道、経典の教えを基本とする仏教」など、神道と仏教にはたくさんの違いがあります。最大の違いは神道は日本独自の宗教なのに対し、仏教は世界宗教ということでしょうか。神道が日本で自然発生的に生まれ、日本独自の民族宗教となりました。一方、仏教は国や民族の枠を超えて広がっており、世界各地に信徒がいます。

### 神道と仏教の違い

|  | 神道 | 仏教 |
|---|---|---|
| 開祖 | いない | 釈迦 |
| 教え | 特になし | 経典の教えが基本 |
| 崇拝対象 | 神、先祖、自然など | 諸仏 |
| 聖職者 | 神職 | 僧侶 |
| 宗教施設 | 神社 | 寺院 |
| 広がり | 民族宗教 | 世界宗教 |

## Q4 仏教にはたくさんの宗派があるけど、神道にも宗派はあるの?

**A** 神社神道と教派神道とに大別されます。

明治維新から戦後まで、神社は国家の祭祀として国民誰もが崇敬すべきものとされていました。これを「神社神道」といいますが、宗教ではなく、一般の神社は布教活動を行いませんでした。これに対し、宗教としてさまざまな活動を行うのが「教派神道」で、独自の信仰を説く金光(こんこう)教、黒住(くろずみ)教、扶桑(ふそう)教、天理(てんり)教などがかつては「神道十三派」と呼ばれていました。戦後は一般の神社も宗教法人となり、神社本庁のもとにまとまっています。

黒住教本部(岡山県)。

天理教本部(奈良県)。

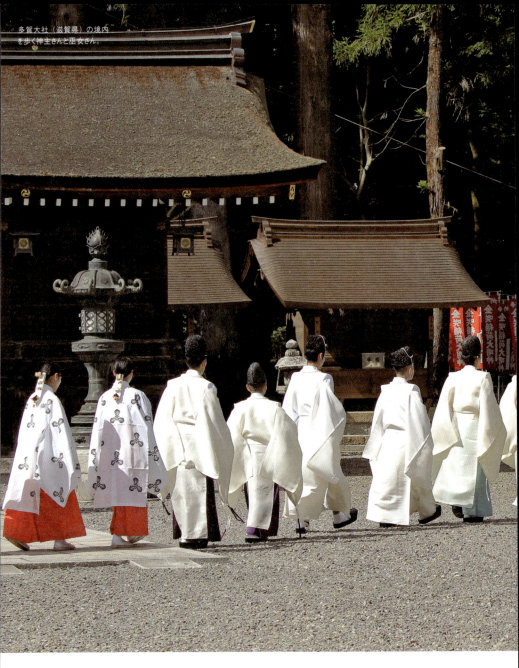

多賀大社（滋賀県）の境内を歩く神主さんと巫女さん。

## Q 神社では
## 　 どんな人が働いているの？

## A 神主さんや巫女さんなどが職員として勤務しています。

神社で中心となって奉仕しているのが神主さんと巫女さんです。正確にいうと、「神主」とは神社の職員全般を示す言葉で、正式には「神職（しんしょく）」といいます。神職は神事に携わり、巫女さんがそのサポートをしています。

神主と巫女

# 神様と人との間を仲介するのが、神主さんや巫女さんの役割です。

一般の人は、神様と直接コンタクトをとることができません。
そこで仲介役となるのが神主さんや巫女さん。
神主さんや巫女さんは、人の祈りや願いを神様に届けたり、
神様の意思を人に伝えたりしてくれる存在なのです。

 **神主さんにもランクがあるの?**

**A** 宮司(ぐうじ)を筆頭とする職階(しょっかい)が設けられています。

神職には「職階」と呼ばれるランクがあります。最上位に位置づけられるのが「宮司」。その神社をとりまとめる代表です。2番目は大きな神社に設けられている「権宮司(ごんぐうじ)」。その下に宮司を補佐する「禰宜(ねぎ)」、さらに「権禰宜(ごんねぎ)」と続きます。

### 神職の職階

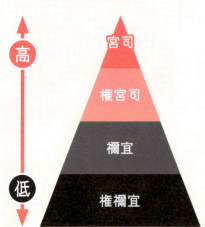

高 ↑
低 ↓

宮司
権宮司
禰宜
権禰宜

神事を司る神職。

## ② 神主さんは男性だけなの?

**A** 女性もいます。

古代には女性の神役がたくさんありました。明治維新後の制度では、女性の神職は認められていませんでしたが、戦争で亡くなった神職も多くいたため、戦後になって女性も神職をするようになりました。

---

## ③ 神主さんになるにはどうすればいいの?

**A** 専門の養成機関で学ぶ必要があります。

神主さんになる方法はいくつかあります。最短ルートは東京都の國學院(こくがくいん)大學や三重県の皇學館(こうがくかん)大學の神道学科で4年間学び、明階(めいかい)という神職の位を取得すること。一般大学を卒業後、先の2大学の神道専攻科で1年間学んでも明階を取得できます。巫女さんの場合、資格は不要ですが、20代後半でリタイアする方が多いようです。

國學院大學の校舎。

---

## ④ 巫女さんはどんな仕事をしているの?

**A** 神主さんのサポートが主な役割です。

巫女さんは神主さんとは異なり、神事には直接携わりません。その代わり、神主さんの補佐をしたり、参拝者にお守りやおみくじ、ご朱印を授与したりしています。また、祭礼などで神楽を舞うこともあります。

お守りやお札を授与する巫女さん。

境内の掃除もします。

神楽を舞う巫女さん。

佐賀県にある武雄(たけお)神社の大楠。この巨木にも神様が宿っています。

## Q 日本には神様が 800万もいるってホント?

写真：田中正秋／アフロ

## A とにかくたくさん、至るところに神様がいます。

「八百万（やおよろず）の神々」の八百万とは、実数ではなく「限りなく多い」という意味で、きっちり800万の神様がいるわけではありません。古来日本人は、山、川、石、樹木など、この世に存在するものすべてに神様が宿ると信じてきました。そのため、神様の数はどんどん膨れ上がったのです。

日本神話〜八百万の神々

# キリスト教やイスラム教と異なり、日本の神様は限りなく多くいます。

世界中に信徒をもつキリスト教やイスラム教は一神教といい、
ただ1人の神様を絶対的な存在として崇めています。
それに対して日本には、神話に登場する神様、
民間信仰から生まれた神様、人から転身した神様など、
非常に多くの神様が存在しているのです。
一神教の神様のように全知全能ではありませんが、
それぞれが役割分担して世界をつくり上げています。

## ① 八百万の神々の中で最も尊い神様は?

**A** 天照大御神です。

日本の神様たちのトップに立つのは天照大御神。文字どおり、世界を照らす太陽神です。皇室の祖先とされ、伊勢神宮(三重県)に祀られています。

中央で四方に光を放っているのが天照大御神です(『岩戸神楽之起顕』春斎年昌)。

## ② ほかにも有名な神様を教えて。

**A** 大国主神や素盞嗚尊などを覚えておきましょう。

国造り・国譲りを行った大国主神、日本誕生にかかわった伊弉諾(いざなき)命と伊弉冉(いざなみ)命、八岐大蛇(やまたのおろち)を討った素盞嗚尊などが広く知られています。

神様にもグループがあるの？

A 天津神（あまつかみ）と国津神（くにつかみ）に分かれます。

日本の神々は、天界＝高天原（たかまがはら）からやってきた天津神と地上界に由来する国津神の2系統に分けられます。天津神の代表が天照大御神、国津神の代表が大国主神です。お互いのグループが協力して世界を成り立たせています。

### 神様の分類

 天津神
高天原に由来する神様

- 天照大御神（あまてらすおおみかみ）
- 伊弉諾尊（いざなぎのみこと）
- 伊弉冉尊（いざなみのみこと）
- 素盞嗚尊（すさのおのみこと）
- 瓊瓊杵尊（ににぎのみこと）　など

 国津神
地上界に由来する神様

- 大国主神（おおくにぬしのかみ）
- 大山祇神（おおやまずみのかみ）
- 大綿津見神（おおわたつみのかみ）
- 建御名方神（たけみなかたのかみ）
- 猿田彦命（さるたひこのみこと）　など

天津神がいた天界は、「高天原」と呼ばれます。

 日本の神様について書かれた書物を教えて。

A 『古事記』『日本書紀』に神話の世界が書かれています。

『古事記』は和銅5（712）年に太安万侶（おおのやすまろ）らによって編纂され、『日本書紀』は養老4（720）年に舎人親王（とねりしんのう）が撰録しました。2つ合わせて「記紀（きき）」といいます。名前の表記や体裁などは違いますが、神様たちのエピソードを含め、大和朝廷ができるまでの日本の歴史が描かれています。

---

★COLUMN★ 神様を「1柱（はしら）、2柱、3柱……」と数えるのはなぜ？

神様は1人、2人、3人……とは数えず、1柱、2柱、3柱……と数えます。神社に現在のような社殿がなかった時代には、はるか遠くからでも見える高い樹木がご神木とされ、崇められていました。伊勢神宮の正殿の床下の中央に立つ柱を「心御柱（しんのみはしら）」といったり、長野県の諏訪（すわ）大社に伝わる木落しのお祭りを「御柱祭（おんばしらまつり）」といったりするのは、そうした考えの表れです。また、木の柱は地上と天界を結ぶ通り路とも考えられていました。こうしたことから、神様を「柱」という単位で数えるようになったとされています。

兵庫県・淡路島の南側に位置
する沼島（ぬしま）は、淤能碁
呂島の候補地の1つです。

# Q

# 日本は
# どうやってできたの？

写真：東阪航空サービス／アフロ

## A
## 夫婦の神様が結婚して生み出されました。

日本の国土は伊弉諾尊（いざなきのみこと）と伊弉冉（いざなみ）尊の夫婦神から生まれたとされています。2神はまず、矛で海をかき混ぜて淤能碁呂（おのごろ）島をつくります。その後、島に柱をたて、お互いに反対方向へ柱をひと巡り。出会ったところで男女の交わりを行うと、淡路島が誕生。続いて、四国、隠岐、九州、壱岐、対馬、佐渡、本州の「大八島国（おおやしまぐに）」が生まれ、日本ができたとされています。

日本神話〜国生み

# 伊弉諾尊と伊弉冉尊は
# 日本で最初の夫婦喧嘩をしました。

結婚することで日本の国土を生み出した2神ですが、
やがて別離してしまいます。
伊弉冉尊の死後、伊弉諾尊は黄泉の国に迎えにいきます。
しかし、醜く変わり果てた妻の姿を目撃して逃亡。
怒った伊弉冉尊が「1日に1000人殺す」と述べると、
伊弉諾尊は「1日に1500人誕生させる」と返して別離を宣言しました。
これが日本最古の夫婦喧嘩ともいわれています。

Q 伊弉諾尊と伊弉冉尊を祀る自凝島神社のご利益は？

A 安産のご利益です。

淡路島の自凝島神社は、伊弉諾尊と伊弉冉尊による国生みの舞台とされる神社です。国生みにかかわる神社だけに、縁結びと安産のご利益があるとされています。

縁結びと安産のご利益で有名な淡路島の自凝島神社。

国生みをする伊弉諾尊（右）と伊弉冉尊（左）
（『天瓊を以て滄海を探るの図』小林永濯）。

## Q2 伊弉諾尊から生まれた素盞嗚尊ってどんな神様？

### A 乱暴だけれど、八岐大蛇を退治した英雄神です。

素盞嗚尊は伊弉諾尊の鼻から生まれた神様です。素盞嗚尊のスサは「荒れる」という意味。その名のとおり、大暴れして高天原を追放されてしまいますが、降り立った出雲の地で八岐大蛇を退治し、生け贄にされそうになっていた奇稲田姫（くしなだひめ）を助けるという英雄的な一面ももっています。

八岐大蛇はたびたび洪水を引き起こした斐伊川（ひいかわ）のことともいわれています。

八岐大蛇を退治する素盞嗚尊（『日本略史』月岡芳年）。

## Q3 素盞嗚尊についてもっと教えて。

### A 山鉾が練り歩く京都の祇園祭は、素盞嗚尊に由来するお祭りです。

素盞嗚尊は「荒ぶる神」という性質から、厄病除けのご利益をもたらす神様として信仰されています。山鉾巡行で有名な八坂神社の祇園祭は、素盞嗚尊に疫病退散を祈願するお祭りです。

山鉾は祇園祭の最大の見所です。

---

### ★COLUMN★ 素盞嗚尊の多様なご利益

素盞嗚尊を祀る神社は全国各地にあり、厄病除けのほかにもさまざまなご利益をもたらすとされています。たとえば縁結びや文芸上達。これは八岐大蛇から救った奇稲田姫と結婚し、結婚の際に日本初の和歌を詠んだというエピソードに由来します。

天岩戸の候補地の1つである天岩戸神社（宮崎県）の天安河原（あまのやすがわら）。

Q 天岩戸ってなに？

写真:山口博之/アフロ

## A 天照大御神が引きこもった場所で、日本全国にあります。

日本神話の最高神とされる天照大御神は、あるとき洞窟の中に引きこもってしまいます。太陽神が姿を隠したことで、世界はたちまち真っ暗闇に。この天照大御神が姿を隠した洞窟を天岩戸といい、その候補地と伝わる場所が全国各地に点在しています。

日本神話〜天岩戸

# 太陽神が隠れると闇に覆われ、再び姿を現すと光が戻りました。

高天原(たかまがはら)の主宰神にして皇室の祖先神、そして太陽神である天照大御神(あまてらすおおみかみ)。その天照大御神に関する天岩戸神話は、太陽信仰を象徴するものと考えられています。当時日本で皆既日食が起こり、世界が闇に包まれ、それが神話に反映されたとも考えられています。

## 本物の天岩戸はどこ？

A まだ答えはでていません。

天岩戸神話の舞台の候補地は、天岩戸神社（66〜67ページ）のほか、京都府の皇大(こうたい)神社、三重県の恵利原(えりはら)の水穴(みずあな)、奈良県の天石立(あまのいわたて)神社、長野県の戸隠(とがくし)神社、千葉県の坂戸(さかと)神社など多数あります。しかし、神話に明確な場所が記されていないため、どれが本物かはわかっていません。

天岩戸神話は皆既日食がモチーフとも。

恵利原の水穴。

戸隠神社。

天石立神社。

坂戸神社。

## Q2 天照大御神は、なぜ天岩戸に引きこもったの？

A 素盞鳴尊（すさのおのみこと）が暴れたからです。

素盞鳴尊は天照大御神の弟。荒くれ者の素盞鳴尊は、高天原で乱暴な振る舞いを重ねていました。天照大御神は最初は弟をかばっていましたが、ついに我慢の限界となり、天岩戸に引きこもってしまったのです。

## Q3 なにがきっかけで天照大御神は外に出てきたの？

A 天鈿女命（あめのうずめのみこと）の面白おかしい踊りです。

神様たちが天岩戸の前で祭りを始めると、天鈿女命は腰紐を下げて胸をあらわにし、伏せた桶の上で踊ります。その姿を見た神様たちは大笑い。天照大御神は笑い声に誘われて身を乗り出した瞬間、腕をつかまれ、外に引き出されました。

天岩戸から顔を出す天照大御神（『大日本名将鑑』月岡芳年）。

荒くれ者の素盞鳴尊（『須佐之男命』歌川国芳）。

---

### ★COLUMN★ 天照大神と卑弥呼（ひみこ）は同一人物？

天照大御神は邪馬台国の女王・卑弥呼と同一人物ではないかという説があります。どちらも統治者として君臨した独身の女性で、天照大御神は神祭祀を、卑弥呼は鬼道（きどう）をよくしたとされています。こうした共通点が同一人物説の根拠とされています。また、卑弥呼は「ヒ（日）ミコ（巫女）」とも考えられています。

卑弥呼の墓といわれている奈良県の箸墓（はしはか）古墳。

因幡の白兎の舞台とされる鳥取県の白兎（はくと）海岸。鳥居が立っているのが兎が住んでいたと伝わる淤岐ノ島（おきのしま）です。

Q
出雲大社にも祀られている
大国主神（おおくにぬしのかみ）って
どんな神様？

# A
## 心優しくモテモテの神様でした。

大国主神は『古事記』で語られる出雲神話の主人公です。さまざまなエピソードがある中で、人柄がよくわかるのが因幡（いなば）の白兎の物語。ワニに毛をむしられて苦しむ兎を見つけた大国主神は、医術の心得を活かし、兎を苦痛から救ってあげたといいます。そんな心の優しい神様だからか、女性にモテモテ。5人もの妻をもっていました。

日本神話〜出雲神話

# 大国主神は国土開発を行った、日本神話屈指の英雄です。

大国主神は素盞嗚尊の試練をクリアし、日本の国土の主宰者になりました。その後、天照大御神によって瓊瓊杵尊が高天原から派遣されてくると、悩んだ挙句に国譲りをします。大国主神は心の広い神様なのです。

Q 大国主神についてもっと教えて。

A 多くの名前をもっている神様です。

大国主、大穴牟遅（おおなむじ）、大穴持（おおなもち）、葦原色許男（あしはらのしこお）、八千矛（やちほこ）……。これらはみな大国主神の呼称です。やたらと多い名前は、波乱万丈な生き様の象徴といえるでしょう。難題を乗り越えるたびに、新たな出会いがあるたびに、名前が増えていきます。名前の数だけ偉大な存在なのです。

出雲大社の大国主像。

淤岐ノ島の夕暮れ。

## Q2 国譲りについて教えて。

**A** 出雲大社の建設を条件に、大国主神は天照大御神に国を譲りました。

大国主神は少彦名命（すくなびこなのみこと）神とともに出雲で国造りを行い、平和な国をつくり上げます。ところが、天照大御神に「この国は私の子孫が治める国である」と迫られます。大国主神は悩みますが、最終的に国譲りを承諾します。そのときにつけた条件が「巨大宮殿を建ててくれ」というもの。こうして建てられた宮殿が出雲大社のルーツだとされています。

出雲大社の神楽殿。

## Q3 国譲りについてもっと教えて。

**A** 力比べに負けた大国主神の次男は、諏訪に逃げました。

国譲りの際、大国主神の次男である建御名方神（たけみなかたのかみ）は、高天原から遣わされた武甕槌神（たけみかづちのかみ）と力比べをして負けてしまいます。恐れをなした建御名方神は東に逃亡。諏訪（長野県）まで逃げたところで降参しました。

建御名方神を祀る諏訪大社。

## Q4 諏訪湖の湖面の氷が盛り上がる「御神渡り」と神様は関係あるの？

**A** 神様の"恋の道"です。

諏訪湖の湖面に張った氷が、山脈のように盛り上がってできた氷の道を「御神渡り」といいます。これは、諏訪大社上社の男神が下社の女神のもとへと出かけた跡だと伝えられています。

御神渡りの様子。

写真:隈部澄男/アフロ

雲海を見下ろす瓊瓊杵尊らの像(宮崎県高千穂町・国見ヶ丘)。

# Q

## 最初に地上を治めた
## 天皇陛下のご先祖様って誰？

# A

瓊瓊杵尊です。
（に に ぎ の みこと）

瓊瓊杵尊は天照大御神（あまてらすおおみかみ）の孫。天照大御神は大国主神から
譲られた地上の国を瓊瓊杵尊に任せることにし、三種の神器を授けて天降（あまくだ）
らさせました。これを「天孫降臨（てんそんこうりん）」といいます。その瓊瓊杵尊のひ
孫が、初代天皇の神武天皇にあたります。

日本神話〜天孫降臨

# 地上統治を任された瓊瓊杵尊(ににぎのみこと)はこの国を立派だと誉め称えました。

天孫降臨神話の主役である瓊瓊杵尊は、
日向(ひむか)の高千穂(たかちほ)に降り立ちます。
そして「朝日がさし、夕日の照らす素晴らしい国だ」と降臨地を誉め称え、
壮大な宮殿を建てて、みずからの住まいとしました。
こうして天孫による地上統治が始まったのです。

### Q 瓊瓊杵尊が降臨した「日向の高千穂」ってどこ?

### A 南九州にいくつか候補地があります。

日向の高千穂の有力候補地は、宮崎・鹿児島県境にある霧島連峰の高千穂峰と、宮崎県高千穂町です。高千穂峰山頂には瓊瓊杵尊のものと伝わる天逆鉾(あまのさかほこ)が立てられており、高千穂町には瓊瓊杵尊らを祀る槵觸(くしふる)神社が鎮座しています。

高千穂峰。山頂の天逆鉾は、瓊瓊杵尊が降臨したときに突き立てたといわれています。

槵觸神社。天孫降臨の地と伝えられる槵觸の峯に鎮座し、瓊瓊杵尊らを祀っています。

## ② 瓊瓊杵尊の降臨についてもっと教えて。

**A** 道案内をした猿田彦神は、のちに道祖神となりました。

天孫降臨の際、瓊瓊杵尊一行は突然現れた猿田彦神を先導役とし、雲をかきわけながら進んでいきました。猿田彦神は天狗のような姿をした神様で、道案内後、天鈿女命（あめのうずめのみこと）と結婚。そして導きの神として信仰され、民間信仰と結びついて道祖神となりました。

猿田彦神社（三重県）。

猿田彦神。

## ③ 瓊瓊杵尊のひ孫の神日本磐余彦尊はどんな神様？

**A** 神様と人とをつなぐ初代天皇です。

神日本磐余彦尊は安らかに国を統治できる場所を求め、高千穂を出て東征を行いました。途中、兄弟を失いながらも荒ぶる神々を打ち破り、ついには大和を平定。畝火（うねび）の白檮原宮（かしはらのみや）で初代天皇として即位しました。これが神武天皇です。

## ④ 国土平定に尽力した日本武尊が複数いたってホント？

**A** 多くの将軍の功績が1つの物語に集約されたようです。

日本武尊といえば極めて人気の高い英雄です。『古事記』では九州から出雲、東国を平定したことになっていますが、それほどの大遠征を1人で成し遂げたとは考えられません。おそらく、日本武尊は複数の将軍の功績が1つにまとめられたものと考えられています。

日本武尊（『大日本名将鑑』月岡芳年）。

伊勢神宮内宮の正殿。

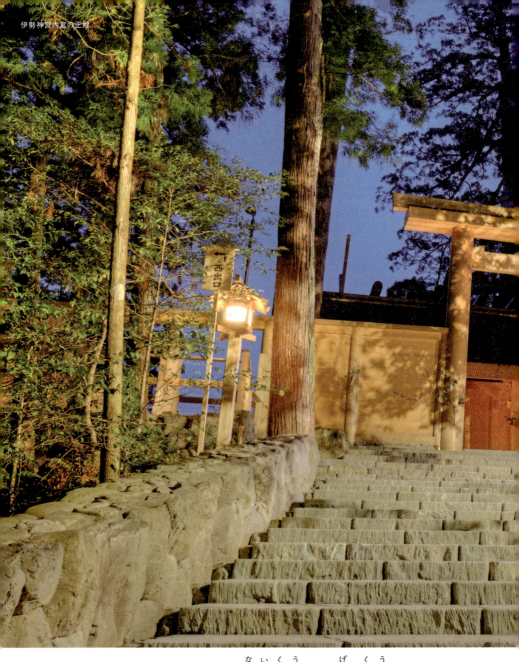

# Q 伊勢神宮の内宮と外宮の
関係を教えて。

写真：阿部宗雄／アフロ

## A 内宮と外宮は2つで1つの神社です。

当初、伊勢神宮（三重県）は天照大御神（あまてらすおおみかみ）を祀る内宮（皇大神宮）だけでしたが、天照大御神が雄略天皇の夢の中で「食事を安らかにとることができない」と告げたため、食事を司る神様である豊受大神（とようけのおおかみ）が迎えられ、外宮（豊受大神宮）が創設されました。そのため、外宮には神様が食事をされる御饌殿（みけでん）があります。

79

# 伊勢神宮は内宮と外宮を中心に、125のお宮をもつ超巨大神社です。

内宮と外宮はそれぞれ約100ヘクタールの広大な神域を誇ります。
しかし、それだけでなく、別宮が14、摂社が43、末社が24、
そのほかの所轄社が42あり、全部で125のお宮で伊勢神宮を構成しています。
伊勢神宮はスケールの大きな超巨大神社でもあるのです。

**Q** 伊勢神宮のお参りは
内宮と外宮、どちらを先にするの？

**A** 外宮が先、内宮は後が正解です。

外宮から内宮へ向かうのが、古来のルールとされています。どちらか片方しかお参りしない「片参り」は、避けたほうがよいといわれています。また、伊勢神宮の参拝前に近くの二見興玉（ふたみおきたま）神社を訪れ、身を浄めておくとよいともいわれています。

### 伊勢神宮の参拝順序

まずは二見浦に詣でて身を浄めます。

次に外宮にお参りします。

最後に内宮に入ります。

## Q2 内宮の参道に架かる宇治橋(うじばし)には どんな意味があるの?

### A 神域と俗界をつないでいます。

五十鈴川(いすずがわ)に架かる全長約102mの宇治橋は、神域と俗界をつなぐ架け橋。内宮のシンボルとなっています。

清らかな五十鈴川の流れ。

橋の両端に鳥居が立っています。

## Q3 伊勢神宮の別宮について教えて。

### A 別宮は本社に付属する神社です。

伊勢神宮の場合、内宮所属の10社、外宮所属の4社があります。月夜見宮(つきよみのみや)、多賀宮(たがのみや)は外宮の別宮です。

多賀宮。

月夜見宮。

## Q4 「お伊勢さん」と呼ばれる神社が 全国各地にあるのはなぜ?

### A 伊勢信仰が広がったためです。

中世以降、庶民の間でお伊勢参りが盛んになり、伊勢信仰が広まると、天照大御神の分霊を祀る神社がつくられ、「お伊勢さん」と呼ばれるようになりました。江戸時代にも伊勢神宮に集団で参詣する「おかげ参り」が大ブームになり、伊勢信仰はますます盛んになりました。

江戸時代のおかげ参りの様子(『伊勢参宮・宮川の渡し』歌川広重)。

81

古代の出雲大社本殿の姿
(復元:大林組　画:張仁誠)。

# Q 古代の出雲大社は
超高層建築だったってホント?

## A 本殿が約50mもあったそうです。

出雲大社（島根県）の社殿は高さ約24mの高層建築ですが、社伝によると、平安時代の本殿はなんと48m（15階建てのビルに相当）もあったそうです。平成12（2000）年には直径3mの巨大柱の痕跡が発見され、古代の高層建築の存在が現実味を帯びてきました。

有名神社の謎〜出雲大社

# 年に一度、八百万(やおよろず)の神々がここに集まってきます。

毎年旧暦の10月になると、全国の神様たちが出雲大社に集合して会議を開きます。会議で話し合われるのは、あらゆる縁の取り決めです。
これにより出雲以外の地域では神様がいなくなってしまうため、10月を「神無月(かんなづき)」と呼びますが、出雲だけは「神在月(かみありづき)」と呼んでいます。

神様たちが縁結びを合議している様子（『出雲国大社乃図』島根県立古代出雲歴史博物館所蔵）

**Q** 出雲大社が縁結びの神様になった理由はほかにもあるの？

**A** 主祭神の大国主神(おおくにぬしのかみ)が関係しています。

出雲大社の主祭神である大国主神は、多くの妻をめとり、たくさんの子どもをもうけました。そのことも、縁結びの神様として信仰されるようになった理由の1つです。

縁結びのご利益にあずかろうとする参拝者は後を絶ちません。

## ② Q 出雲大社ならではの参拝方法はあるの?

### A 2回ではなく4回手を叩きます。

神社参拝では「2礼2拍手1礼」が一般的な作法とされていますが、出雲大社は特別。「2礼4拍手1礼」と、通常より多く拍手を打つのです。ちなみに、5月の例大祭で、神職は「8拍手」をします。これは最高の敬意を示す作法です。

出雲大社の参拝は「2礼4拍手1礼」。

## ③ Q 神楽殿の巨大な注連縄（しめなわ）が逆向きなのはなぜ?

### A 出雲大社では通常と逆の方向が上位とされているからです。

出雲大社の神楽殿には、長さ13m、重さ4.5tという巨大注連縄が張られています。神道では神様に向かって右方を上位とするため、注連縄も右方が「ない始め」になるように張られます。しかし、出雲大社では古くから神様に向かって左方が上位とされているため、注連縄も左方が「ない始め」になっているのです。

注連縄の下からお賽銭を投げて刺さると、願いがかなうそうです。

---

★COLUMN★ **宮司は日本最古級の家柄**

出雲大社の宮司は日本で最も古い家柄の1つで、天照大御神（あまてらすおおみかみ）の子である天穂日命（あまのほひのみこと）の子孫とされています。同じく天照大御神を子孫とする皇室とも繋がりが深く、2014（平成26）年には第84代出雲国造・出雲大社宮司の長男・千家国麿（せんげくにまろ）氏と高円宮家の次女・典子様が結婚しています。

出雲国造が仕えたとされる島根県の神魂（かもす）神社。

Q
広島観光でおなじみの
厳島(いつくしま)神社は
なぜ海の上に建っているの？

厳島神社は鳥居や社殿などの建築物が海上に浮かんでいるように見えます。

A
# 厳島全体が
# ご神体だからです。

厳島神社のある厳島（宮島）は、古くから島そのものが神聖視され、崇められていました。そのため、島の手前の海上に社殿が創建されることになったのです。

写真：アフロ

有名神社の謎〜厳島神社

# 厳島神社は1500年の歴史を誇る平家ゆかりの神社です。

厳島神社は、平家と関係の深い神社として知られています。現在の壮麗な厳島神社の原型をつくったのは、一門の頭領・平清盛。日宋貿易に力を入れていた清盛は、海上交通を守る神様として、この神社を信仰していました。宝物庫には清盛が奉納した『平家納経』がいまも所蔵されています。

## Q1 祭神の宗像三女神（むなかたさんじょしん）ってどんな神様？

### A 海の女神様です。

素盞嗚尊（すさのおのみこと）の剣から生まれた田心姫（たごりひめ）、湍津姫（たぎつひめ）、市杵嶋姫（いちきしまひめ）という名の海の女神様です。社伝によると、2羽の神烏（おおがらす）に先導されて厳島に現れたそうです。島の最高峰である弥山（みせん）に建つ厳島神社の奥宮・御山（みやま）神社にも、この宗像三女神が祀られています。

『平家納経』部分。

## Q2 厳島神社の社殿はなぜ赤いの？

### A 赤には魔を除ける力があるとされるからです。

青い海に映える厳島神社の真っ赤な社殿や鳥居は、魔除けを願って朱塗にされています。古来、穢（けが）れを焼き払う火は浄化の力をもつとされ、火の色である赤もまた同じ力をもつと信じられてきました。

鮮やかな朱塗りの社殿。

## Q3 神社に「8」を意味するものが多いのはなぜ？

### A 日本の伝統で8を神聖な数とみなします。

厳島神社は回廊が8尺、その間に敷き詰められた床板が8枚、柱が108本建っています。このように「8」へのこだわりが見られるのは、8が神聖な数字とされてきたからです。「八百万（やおよろず）の神々」も同様です。「八」という漢字が末広がりで縁起がいいからとか、108が仏教で煩悩（ぼんのう）の数とされているからといった説もあります。

社殿には8へのこだわりが。

---

## Q4 シンボルの大鳥居が海底に埋まっていないってホント？

### A 鳥居の重みだけで立っているといわれています。

厳島神社の大鳥居は固定されていません。海底に打ち込まれた杭の上に載っているだけの状態で立っています。鳥居が倒れることがないように、最上部の島木の中には重し石が詰められています。

### 大鳥居が倒れない理由

- 鳥居の上部は箱状になっており、中には重し石が詰められている
- 本柱以外に左右2本ずつの袖柱があるため、安定度が高い
- 松材の杭を何本も打ち込んだ「千本杭」の上に、大鳥居を載せている

---

★COLUMN★

## カップルで厳島を訪れると別れるといわれる理由

厳島には「カップルで行くと女神様が焼きもちを妬いて別れさせてしまう」という噂があります。実はこの噂、ただの迷信です。かつて宮島には有名な遊郭街があり、そこに通う男性の言い訳として広まったそうです。

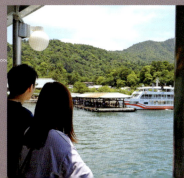

厳島はデートスポットとしても人気です。

熊野詣には神秘的な雰囲気を醸し出す熊野古道が使われてきました。

# Q 険しい山道を歩く熊野詣が人気を集めたのはなぜ?

## A 熊野が現世の極楽浄土と考えられていたからです。

熊野詣で有名な和歌山県の熊野三山は、熊野本宮(ほんぐう)大社、熊野速玉(はやたま)大社、熊野那智(なち)大社の総称です。『日本書紀』によると、熊野は伊弉冉尊(いざなみのみこと)が埋葬された場所。また、山伏(やまぶし)の修行の場でもありました。そして、平安時代に浄土信仰が流行すると現世の極楽浄土と目されるようになり、参拝者が激増したのです。

有名神社の謎〜熊野信仰

# 参拝者がそぞろ歩きする様子は、「蟻の熊野詣」と呼ばれました。

熊野詣は、まず皇族による参拝から始まりました。
やがて武士や庶民にも広まり、あまりに多くの人が押し寄せたため、
「蟻の熊野詣」と呼ばれるほどに。
熊野は伊勢と熊野古道でつながっていることもあり、
日本における庶民の観光旅行の原点になりました。

熊野三山の中で根本宮とされる熊野本宮大社。

神仏習合の色彩が濃い熊野那智大社。

日本最大の梛(なぎ)の木で有名な熊野速玉大社。

##  熊野三山について教えて。

**A** 熊野那智大社は滝を
ご神体にしていることで有名です。

熊野那智大社にある飛瀧（ひろう）神社のご神体は、別名「飛瀧権現（ひろうごんげん）」と呼ばれる落差133mの那智の大滝。これが熊野信仰の源流だといわれています。

朱塗りの塔と白い滝が絶景をつくり出します。

## ② なぜ熊野では烏（からす）を よく見かけるの？

**A** 神武天皇の道案内をした神様の使いだからです。

熊野には3本の足を持つ八咫烏（やたがらす）の伝承が残されています。神武天皇が熊野に上陸した際、八咫烏が姿を変えて道案内をしたというものです。ちなみに、八咫烏は日本サッカー協会のシンボルでもあり、代表チームのエンブレムになっています。

サッカーボールの上にとまる八咫烏。

##  那智の海で行われていた宗教儀式ってどんなもの？

**A** 生きたまま船に乗って
あの世に向かう
崇高な儀式です。

熊野信仰が浄土信仰と結びつくと、和船に乗って那智の海を漂流し、極楽浄土を目指す「補陀落渡海（ふだらくとかい）」という儀式が行われるようになりました。

幻想的な那智の海。

鎌倉（神奈川県）の鶴岡八幡宮で毎年秋に行われる流鏑馬（やぶさめ）。鎌倉武士の装束を着た射手が馬上から3つの的を射抜きます。

# Q なぜ八幡様は
# 　全国各地に広まったの？

## A 地方に赴任した武士が
## 八幡宮を建てたからです。

八幡宮、八幡神社、若宮神社など、八幡様を祀る神社が全国各地に鎮座しています。八幡信仰を全国に広めたのは武士でした。平安時代後期、源氏が八幡様を氏神にすると武運の神様として信仰され始め、鎌倉幕府の開府とともに守護や地頭が地方に勧請（かんじょう）しました。その後、足利氏や徳川氏も八幡様を氏神とし、ますます信仰が広まったのです。

有名神社の謎〜八幡宮

# 日本の神社の約1割が八幡信仰。
# この数の多さはダントツの1位です。

神社はどんな神様を祀っているかによってグループ分けできます。
神社本庁が公表しているグループごとの神社の数をみると、
4位は2970社の稲荷信仰、3位は3953社の天神信仰、2位は4425社の伊勢信仰、
そして1位が7817社の八幡信仰にかかわる神社となります（13ページ参照）。

## ① 八幡様って、そもそもどんな神様なの？

**A** 応神天皇（八幡大神）です。

第15代応神天皇は外来の文化をとり入れ、古代日本の発展に尽くしました。南九州は早くから外来文化の影響が強かったところで、元来の固有信仰の上に外来の信仰が重なり、八幡大神が誕生することになったのです。

## ② 八幡信仰の本拠地はどこ？

**A** 宇佐神宮です。

全国各地にある八幡信仰の神社の元宮は宇佐神宮（大分県）です。欽明天皇の時代、八幡様が子どもの姿で現れ、「自分は応神天皇である」と告げたという言い伝えがある神社で、奈良時代には道鏡（どうきょう）が天皇になろうとして阻止された神託（しんたく）事件の舞台となりました。

濃い赤が印象的です。

通常は開かない南中楼門。

## Q3 宇佐神宮の見所を教えて。

**A** 八幡造（はちまんづくり）という建築様式に注目しましょう。

神社の代表的な建築様式の1つに、八幡造というものがあります。切妻造（きりづまづくり）・平入（ひらい）りの建物を前後に2棟並べたもので、宇佐神宮の本殿がその源流といわれています。

写真：アフロ

八幡造のルーツとなった本殿

## Q4 ほかに、どんな八幡神社があるの？

**A** 石清水（いわしみず）八幡宮、鶴岡（つるがおか）八幡宮などが知られています。

奈良・東大寺の大仏建立に際して勧請された手向山（たむけやま）八幡宮、大安寺の僧・行教（ぎょうきょう）に勧請され、源義家が氏神として尊崇した京都の石清水八幡宮、源頼義が勧請した鶴岡八幡宮（94～95ページ）が有名です。最近では、岡山県の天王八幡神社が幻想的な蛍の乱舞で話題になっています。

手向山八幡宮。

鶴岡八幡宮。

石清水八幡宮。

天王八幡神社。

Q
お稲荷(いなり)さんと
いなり寿司の関係は？

参道を隙間なく埋める千本鳥居。

## A
## もともといなり寿司は
## 農耕を司る稲荷神への
## 供物でした。

朱塗りの鳥居で有名な伏見稲荷大社をはじめとして、「お稲荷さん」と呼ばれる神社が全国各地にあります。稲荷神は五穀豊穣を司る神様。その稲荷神にちなんでお米を使った俵形の供物が捧げられ、いなり寿司と名づけられたといわれています。

写真:松岡幸月 アフロ

有名神社の謎〜稲荷信仰

# 「お稲荷さん」こと稲荷神は豊穣と現世利益をもたらします。

稲荷神は近世に江戸や大坂で大流行しました。
江戸では「伊勢屋稲荷に犬の糞」と、最も多いものの1つに数えられ、
大坂では「病弘法、欲稲荷」といわれ、
五穀豊穣や現世利益をもたらす神様として信仰を集めました。

## Q1 稲荷神社に狐がいるのはなぜ？

**A** 狐は祭神である宇迦之御魂神の使いです。

狐は畑を荒らす野ネズミや兎を食べる有益な動物です。また、稲荷神社の祭神の宇迦之御魂神は、神仏習合により、白狐を乗り物にしている仏教の荼枳尼天（だきにてん）と同一視され、稲荷と狐が合致したと考えられています。

埼玉県の六塚（むつづか）稲荷神社の狐像。

## Q2 伏見稲荷大社の狐が咥えているものはなに？

**A** 稲束、巻物、鍵、宝珠です。

稲荷神社の総本社である伏見稲荷大社（京都府）にも狐像が置かれていますが、その口に稲束や巻物、鍵、宝珠などを咥えています。稲束は豊穣、巻物は仏教の経典、鍵は富貴と豊穣、宝珠は諸願成就を意味しています。

稲束。

巻物。

鍵。

宝珠。

## Q3 伏見稲荷大社の朱塗りの鳥居は何本あるの?

### A 全部で1万基といわれています。

伏見稲荷大社の参道にずらりと並ぶ鳥居は、崇敬者が祈りと感謝の念を込めて奉納したものです。「千本鳥居」と呼ばれていますが、実際には850基ほどしかありません。しかし、境内に建っている鳥居をすべて合わせると、なんと1万基にもなるそうです。

境内に所狭しと並ぶ大小の鳥居は、崇敬者から寄贈されたものです。

## Q4 有名な稲荷神社をほかにも教えて。

### A 豊川稲荷と祐徳稲荷神社に注目してください。

愛知県の豊川稲荷と佐賀県の祐徳稲荷神社、そして伏見稲荷大社が「日本三大稲荷」と呼ばれています。豊川稲荷はお寺のお稲荷さん、祐徳稲荷神社は九州を代表するお稲荷さんです。ほかに、茨城県の笠間稲荷神社や宮城県の竹駒神社も有名です。

豊川稲荷。

祐徳稲荷神社。

---

**★COLUMN★　伏見稲荷名物? 雀の丸焼きの由来**

伏見稲荷大社の近くには、「雀の丸焼き」を提供しているお店があります。雀は稲の天敵。それを退治するという意味で食べられ始めたという説があります。

十日えびすで賑わう大阪の今宮戎（いまみやえびす）神社。

## Q 七福神はすべて日本の神様？

## A 純国産は恵比寿だけで、ほかの6神は外国出身です。

宝船に乗った姿で知られる七福神の中で、日本生まれは恵比寿のみ。大黒天（だいこくてん）と、弁財天（べんざいてん）、毘沙門天（びしゃもんてん）はインド出身、福禄寿（ふくろくじゅ）、寿老人（じゅろうじん）、布袋（ほてい）は中国出身です。

103

有名神社の謎〜福の神信仰

# 現在は7神の七福神ですが、最初は2神だけでした。

七福神は最初から7神のグループだったわけではありません。まず、恵比寿と大黒天の2神が登場し、大黒天は大国主神と習合。次に弁財天と毘沙門天、布袋が加わって五福神となります。そして、福禄寿と寿老人が加わり、江戸時代に晴れて七福神となったのです。

## 七福神のルーツ

 中国出身           日本出身

布袋　　　福禄寿　　　寿老人　　　　　　恵比寿

インド出身

大黒天　　　弁財天　　　毘沙門天

藤森神社（京都府）の七福神。

## Q1 恵比寿が商売繁盛の神様になったのはなぜ？

### A きっかけは海に流されたことでした。

古来、海からの漂流物は「エビス」と呼ばれ、福をもたらす神様からの贈り物だと考えられていました。エビスは魚の市で祀られ、やがて商売の神として信仰されるようになったと考えられています。この恵比寿信仰の中心が西宮神社（兵庫県）。同社では1月9日から3日間、商売繁盛と豊漁を祈願する「十日えびす」が催されています。

「えべっさん」こと西宮神社。

**十日えびすの縁起物の由来を教えて。**

A 熊手には福をかき集めるという意味があります。

恵比寿を祀る神社では、恵比寿の面や鯛などの装飾品がついた「福熊手」が、福を集める縁起物として売られています。笹も恵比寿信仰の象徴とされ、関西の神社では「福笹」が売られています。十日えびすでは「商売繁盛！笹もってこい！」という掛け声が境内に響きわたります。

福熊手。　　福笹。

 **七福神巡りにおすすめの神社は？**

A 波除（なみよけ）神社です。

七福神を祀る神社やお寺を巡ることを七福神巡りといい、お正月などに行うと福を授かると信じられています。その七福神巡りを1つの神社で済ませられるのが、東京・築地の波除神社です。境内に小さな神社がいくつかあり、そこに七福神が祀られているので、短時間で7社すべてをまわることができます。時間に余裕がない人におすすめです。

夜の波除神社。

---

★COLUMN★

## 福男選びで有名な開門神事

一番福は誰？

写真：ロイター／アフロ

西宮神社の「十日えびす」2日目の10日には、おなじみの「開門神事」が行われます。神社の門が開くと、門前で待っていた人々が一斉に走り出し、参道を駆け抜けます。本殿に着いた1着から3着までが、その年の福男です。

新倉山浅間公園（山梨県）
から見た富士山。

## Q 富士山も神様なの？

## A ご神体として崇められる神体山です。

日本の最高峰である富士山は、古くからご神体として直接崇拝の対象とされてきました。日本人はこの山に神霊が宿ると信じ、祈りを捧げてきたのです。こうした富士山に対する信仰を浅間（せんげん）信仰といいます。

有名神社の謎〜浅間信仰

# 山々の美しい姿、火を噴く姿は、神聖さを感じさせてくれます。

山は清らかで気高く、美しい存在ですが、
いつ怒りはじめて噴火するかわからない危うさももち合わせています。
そうなったとき、山の神様を鎮めるために、
山麓や山頂などに数々の神社が建てられました。

##  富士山はご神体なのに登っていいの？

**A 登山できる神体山もあります。**

富士山をご神体とする神社の1つが富士山本宮浅間（ほんぐうせんげん）大社。富士山の8合目より上は浅間大社の境内とみなされていますが、登山は認められています。つまり、登山客は神様の山に登拝しているわけです。ちなみに、奈良県の大神（おおみわ）神社の神体山である三輪山は、長く入山禁止とされていましたが、現在はお参り目的に限り登拝できるようになっています。

富士山本宮浅間大社は浅間信仰の総本社。

## ② 富士山頂で結婚式はできるの？

**A 本宮浅間大社の奥宮で挙式が行われています。**

登山シーズンの7〜8月になると、本宮浅間大社の奥宮に神職が常駐するため、神前結婚式を挙げることができます。毎年20組前後のカップルが日本の最高峰で結ばれています。

険しい地に建つ富士山本宮浅間大社の奥宮。

## Q3 神体山をもっと教えて。

## A 白山、立山、岩木山、大山などが有名です。

石川県の白山比咩（しらやまひめ）神社が鎮座する白山と富山県の雄山（おやま）神社が鎮座する立山は、富士山とあわせて「日本三霊山」と称される神体山です。標高3003mの山頂に位置する雄山神社の峰本社は、極楽浄土の象徴。白山比咩神社は全国に1893社ある白山信仰の神社の総本宮で、白山の山頂近くに奥宮が設けられています。そのほか、青森県の岩木山神社が鎮座する岩木山や、鳥取県の大神山神社が鎮座する大山なども神体山として知られています。

朝日を浴びる雄山神社。

大神山神社奥宮から見た大山。

白山山頂からの日の出。

岩木山神社の鳥居と岩木山。

### ★COLUMN★ 富士山の山頂は何県？

富士山は山梨県と静岡県にまたがっています。その山頂部を地図で見ると、県境の境界線が途切れていることに気づくでしょう。実は、山梨県と静岡県は江戸時代から山頂の帰属をめぐって論争を続けており、両県の県境は明確に決まっていないのです。ただし、歴史的には徳川家康が富士山の8合目より上を富士山本宮浅間大社に寄進した事実があり、土地の所有権は同社にあるとされています。

上空から見た富士山山頂。

約200隻の漁船が玄界灘をパレードし、航海の安全や大漁などを願う宗像大社のみあれ祭り。

## Q
## 海の神様もいるの？

写真：中村庸夫／アフロ

## A
## 日本は島国なので、
## 海の神様はたくさんいます。

海に囲まれている日本には、たくさんの海の神様がいます。たとえば、福岡県の宗像（むなかた）大社に祀られている宗像三女神は古来、玄界灘（げんかいなだ）の守護神として尊崇されてきました。奈良時代の遣唐使も出発前に必ず宗像大社に参拝し、航海の安全を祈ったそうです。

有名神社の謎〜海神信仰

# 航海の安全や交易の成功を、海の神様たちは見守っています。

古来日本人は海とともに暮らし、豊かな恵みをいただいてきました。
しかし、海はときには荒れ狂い、激しい波を打ちつけ、
航海者や漁師、沿岸の人々を恐怖に陥れます。
そんな海を、日本人は畏怖するとともに感謝し、神社を建ててお祀りしてきたのです。

海岸に立つ森戸神社（神奈川県）の鳥居。

## 沖ノ島にある宗像大社の沖津宮について教えて。

**A** 祭場遺跡から10万点以上の奉献品が発掘され、「海の正倉院」と呼ばれています。

平成29（2017）年に世界遺産登録された宗像大社は、本土の辺津（へつ）宮、大島の中津宮、沖ノ島の沖津宮からなります。そのうち沖ノ島は、神職の男性以外は立ち入りできず、草木一本の持ち出しも認められないなど厳しく制限されてきました。そのため、島には20以上の古代祭祀遺跡と、金銅製の馬具や銅鏡など大量の神宝がほぼ手つかずの状態で残されていたのです。神宝は、宗像大社の神宝館に収蔵されています。

沖ノ島で出土した3世紀の神鏡（左）と5世紀頃の純金製指輪（右）（宗像大社提供）。

## Q2 ほかに、どんな海の神様がいるの?

**A** 「すみよっさん」と親しまれている
住吉大社の住吉3神などがいます。

大阪の住吉大社には、海の底・中・表から生まれた底筒男（そこつつのお）、中筒男（なかつつのお）、表筒男（うわつつのお）の住吉3神が祀られています。3神は神功（じんぐう）皇后の航海を安全に導いたことから、海上安全の神様として信仰されています。特に海運・造船関係者から篤い信仰を受けています。

切妻造・妻入りが特徴の住吉造。

住吉大社の本宮は船団のように並んでいます。

## Q3 海の神様を祀る神社をもっと教えて。

**A** 瀬戸内海の大山祇神社や金刀比羅宮が有名です。

大山祇神社（愛媛県）に祀られている大山祇神（おおやまづみのかみ）は、その名のとおり山の神様ですが、海の神様としての性格も備えています。大三島という瀬戸内海の要衝にあって、海上の安全を守ってきました。武将からの信仰も篤く、武具の奉納品も多いのが特徴です。香川県の金刀比羅宮は「金毘羅（こんぴら）さん」の愛称で親しまれる海の神様で、江戸時代には「金毘羅参り」として全国各地から多くの参拝者を集めました。

大山祇神社の本殿。

金刀比羅宮の本宮拝殿。

### ★COLUMN★ 大山祇神社に伝わる一人相撲の神事

大山祇神社の春と秋の祭りでは、地元民が扮した一力山（いちりきさん）が目に見えない稲の精霊と相撲をとる「一人角力」という神事が行われます。豊作を願い、稲の精霊が2勝1敗で勝つのが習わしです。

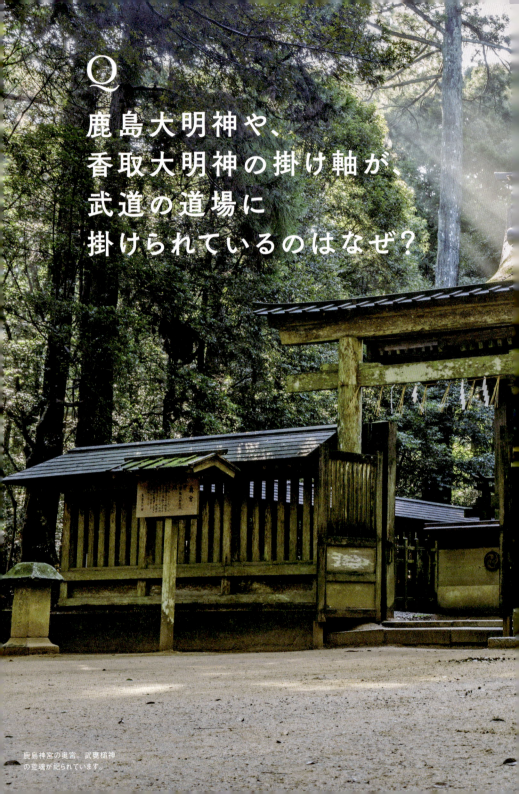

Q
鹿島大明神や、
香取大明神の掛け軸が、
武道の道場に
掛けられているのはなぜ？

鹿島神宮の奥宮。武甕槌神の荒魂が祀られています。

A
鹿島神宮と香取神宮の主祭神が
武芸の神様だからです。

茨城県の鹿島神宮は武甕槌神（たけみかづちのかみ）、千葉県の香取神宮は経津主神（ふつぬしのかみ）を祀っています。どちらも武芸の神様とされ、スポーツなどの勝負事のご利益を得られるといわれています。

有名神社の謎〜鹿島信仰

# 鹿島神宮と香取神宮でワンセット、両神宮は戦いの神様の代表です。

武甕槌神（たけみかづちのかみ）と経津主神（ふつぬしのかみ）は国譲り神話に登場しました。
天照大御神（あまてらすおおみかみ）から大国主神（おおくにぬしのかみ）のもとに派遣され、
武甕槌神が建御名方神（たけみなかたのかみ）との地上界をかけた力比べに勝利。
この戦いのエピソードから、2神は武運の守護神となったのです。

鹿島神宮の楼門は日本三大楼門の1つ。

豪壮なつくりの香取神宮の本殿。

### Q 武運の守護神を象徴する神宝について教えて。

### A 鹿島神宮には、長さ2.7mの神剣があります。

鹿島神宮の宝物庫には、武甕槌神が地上に姿を現した際、伊奈佐の浜に立てて、その上に座ったと伝えられている布都御魂剣（ふつのみたまのつるぎ）が所蔵されています。全長が2.7mもある大きな直刀は、一振りで国中を平穏にする力をもち、神武天皇による建国に役立てられたといわれています。

神武天皇が用い、奈良時代に奉納されたと伝わる神剣（鹿島神宮提供）。※宝物館は長期休館中のため、現在は観覧できません。

## Q2 鹿島神宮には鹿がいるのはなぜ？

### A 神様の使いだからです。

鹿島神宮では鹿が神使とされ、境内に約20頭の鹿が飼われています。春日大社創建の際には、鹿島神宮の鹿が奈良に向かったとの伝承もあります。ちなみに、鹿島アントラーズのチーム名も「鹿の角」を意味する「アントラー」に由来しています。アントラーズが長年強豪で居続けられるのは鹿島神宮のおかげかもしれません。

鹿は鹿島神宮のシンボル。

## Q3 地震を抑える石があるってホント？

### A 「要石（かなめいし）」という不思議な石があります。

鹿島神社と香取神社の境内には「要石」と呼ばれる不思議な石があります。2つの石は地中でつながっており、地震を起こすとされる大鯰の頭を押さえているそうです。江戸時代、水戸光圀が石を掘らせたものの、いくら掘っても掘り尽くせなかったとも伝えられています。

鹿島神宮の要石（左）と香取神宮の要石（右）は地中深くでつながっているともいわれています。

---

### ★COLUMN★ 両神宮の神様は12年に一度出会う

12年に一度、午年に行われる御船祭（みふねまつり）は、鹿島神宮からお神輿が出発し、海の上で経津主神の歓迎を受ける海上安全・豊漁祈願のお祭りです。「国譲り」の際に活躍した武甕槌神と経津主神は、12年に一度だけ海の上で再会しているのです。

約120艘の大船団が巡幸します。

Q 天候を左右する神様はいるの？

本宮へと続く84段の石段沿いに立ち並ぶ春日灯籠。

## A 貴船(きふね)神社の神様が知られています。

京都府の貴船神社は、鴨川の源流である貴船川の上流に創建された神社です。かつては悪天候が続くと、天皇の使いがここに祈りにやってきました。それほどご利益のある神社なのです。

有名神社の謎〜貴船信仰

# 貴船神社は縁結びだけでなく、水の神様としても信仰されています。

平安時代の女流作家・和泉式部(いずみしきぶ)は、夫の浮気に悩んでいましたが、貴船神社にお願いしたおかげで、復縁することができました。
そうしたことから貴船神社は縁結びのご利益が有名ですが、本来は天候を司る神様として、朝廷の信任を受けてきた歴史があります。
祈雨止雨(きうしう)の霊験で名高く、多くの人々が参拝にやってきました。

## ① 貴船神社の神様についてもっと教えて。

**A** 水を司る高龗神(たかおかみのかみ)です。

貴船神社が祀る高龗神は、万物の生命の源である水を司る神様です。雲を呼んで雨を降らせ、雨水を地中に蓄えさせて、それを少しずつ湧き出させると伝えられています。

貴船川の流れ。

## ② 本宮の境内にある黒馬と白馬の意味は?

**A** 雨乞いの馬です。

かつて、雨が降ってほしいときには黒馬が、やんで欲しいときには白馬が奉納されていました。その習わしが像の由来です。ちなみに、これが絵馬の起源という説もあります。

本殿前にある黒馬・白馬像。

## Q3 丑の刻参りについて教えて。

A 藁人形に五寸釘を打つ呪いの儀式です。

実は、貴船神社は丑の刻参りの本場としても知られています。丑の刻参りとは、丑の刻（午前1時から3時の間）に、藁人形を呪いたい相手に見立て、神社の境内の神木などに五寸釘で打ちつける儀式です。祭神が丑（うし）年の丑月丑日に鎮座したことにちなみます。現在では呪術として知られていますが、元々は祈願成就を行うための願掛けでした。

丑の刻参りが行われる奥宮。

## Q4 天候を司る神様は、ほかにもいるの？

A 雷を司る雷神様がいます。

「雷様」として親しまれている雷神様は何柱も存在し、全国各地の神社に祀られています。なかでも群馬県の雷電神社は火雷大神（ほのいかづちのおおかみ）、別雷（わけいかづち）大神、大雷（おおいかづち）大神、菅原道真（すがわらのみちざね）と、名だたる雷神様を取り揃えています。

雷電神社。

---

### ★COLUMN 貴船神社の名前の由来

貴船神社の由緒は、神武天皇の母・玉依姫（たまよりびめ）が降雨祈願のために黄色い舟で鴨川を遡り、水源に水神様を祀ったという伝説から始まります。神社の名前は玉依姫が乗っていた舟に由来しています。この舟が人目に触れないように石に包まれ、境内にある船形石になったと伝えられています。

船のような形をした船形石。

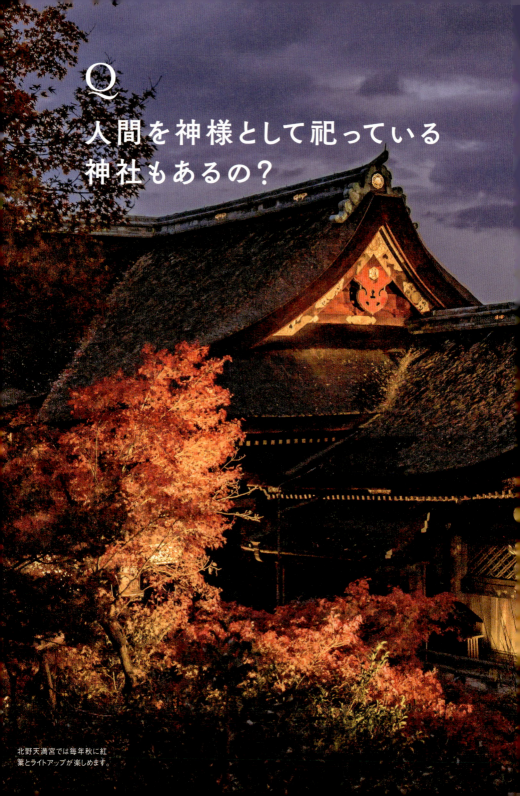

Q 人間を神様として祀っている神社もあるの？

北野天満宮では毎年秋に紅葉とライトアップが楽しめます。

## A
### たとえば、北野天満宮は 菅原道真を祀る神社です。

紅葉で有名な京都府の北野天満宮には、菅原道真（すがわらのみちざね）が祀られています。道真の没後、京都で疫病や干ばつなどが続いたことから、道真は怨霊として恐れられ、その祟りを鎮めるために神格化されました。

有名神社の謎〜天神信仰

# 人は死ぬと神様になる——、
# 昔からそう考えられてきました。

神道には、人は死ぬと神様になるという祖霊信仰がありますが、平安時代、非業の死を遂げた者は怨霊になるという「御霊（ごりょう）信仰」が広まると、人々は自然災害や疫病の原因を怨霊の存在に求めるようになりました。そこで怨霊を鎮魂するために、その人物を神格化して祀り上げたのです。

## ① 菅原道真が怨霊になったのはなぜ？

**A** 政争に巻き込まれ、失意のうちに亡くなったからです。

菅原道真は宇多天皇に重用され、右大臣にまで登りつめた人物です。しかし、左大臣・藤原時平の謀略によって無実の罪に問われ、左遷された大宰府で亡くなりました。その怒りや無念から怨霊になったとされています。

亀戸天神社（東京都）の道真像。

## ② 菅原道真を天神様と呼ぶのはなぜ？

**A** 災いをもたらす火雷（からい）天神に関係があります。

人々に災いをもたらす神様を火雷天神といいます。それが祟り神となった道真と結びつき、道真を天神様として崇めるようになりました。天神信仰は祟りへの畏怖から始まりましたが、中世以降は道真の生前の功績から学問の神様としての信仰が高まり、全国各地に天満宮が建てられました。

太宰府天満宮（福岡県）の本殿。

亀戸天神社とスカイツリー。

### Q3 怨霊鎮魂を目的とした御霊型神社はほかにもあるの？

**A** 神田神社は平将門の祟りを鎮めるために創建された神社です。

夜の神田神社。

関東で反乱を起こした平将門は、藤原秀郷（ひでさと）らに討たれ、その首を平安京にさらされました。その後、天変地異が頻繁に起こるようになると、将門の祟りと恐れられ、鎮魂のために神田神社（東京都）に祀られました。

---

### Q4 御霊型神社をもっと教えて。

崇徳上皇を祀る白峯神宮。

**A** 白峯神宮や水無瀬神宮、鎌倉宮などが有名です。

白峯神宮（京都府）には、保元の乱に敗れ、流された四国で没した崇徳（すとく）上皇が祀られています。水無瀬神宮（大阪府）には、承久の乱後に島流しとなった後鳥羽上皇、鎌倉宮（神奈川県）には、鎌倉に幽閉され、中先代（なかせんだい）の乱で殺された後醍醐天皇の皇子・護良（もりなが）親王が祀られています。

後鳥羽上皇を祀る水無瀬神宮。

護良親王を祀る鎌倉宮。

---

★COLUMN★

## 白峯神宮は球技の守護神

「なで鞠」は蹴鞠の碑の中にあります。

白峯神宮には蹴鞠（けまり）の神様・精大明神（せいだいみょうじん）が祀られています。境内にあるなで鞠をまわすと、球技上達のご利益が得られるといわれています。

Q 戦国武将を祀る神社が
多いのはなぜ？

日光東照宮のシンボル、陽明門（ようめいもん）。丸1日見ていても飽きないことから「日暮門（ひぐらしもん）」とも呼ばれます。

## A 神様と人の関係を密接に捉える吉田神道の影響です。

日光東照宮（栃木県）は、徳川家康を東照大権現（とうしょうだいごんげん）として祀る神社です。近世に成立した吉田神道では、人と神様との関係を重んじ、人を神様として祀ることを推し進めました。その影響により、江戸時代から明治時代にかけて、戦国武将を神様として祀る神社が多く建てられたのです。

有名神社の謎〜英雄信仰

# 英雄信仰を背景に、武士や軍人が神様とされました。

鎌倉時代、武家政権が成立すると、武士が英雄として信仰され始めました。この英雄信仰は江戸時代以降さらに進んで近代まで受け継がれ、明治維新の立役者や旧日本軍の軍人までもが神格化されていきました。

## ① 日光東照宮の陽明門(ようめいもん)があんなに豪華なのはなぜ？

**A** 国家プロジェクトで建造されたからです。

日光東照宮といえば絢爛豪華な陽明門（126〜127ページ）が有名ですが、ほかにも国宝指定、重要文化財指定の建築物を多数有しています。徳川家康の遺言で創建された後、第3代将軍・徳川家光が現在の豪奢な姿に改築しました。幕府の威信がかかった大工事には、現代の金額にして数百億円もの費用がかけられたといいます。

鳥居には徳川家の「葵紋（あおいもん）」が据えられています。

## ②「三猿」はなにを意味しているの？

**A** 子どもの情操教育の教えを説いています。

日光東照宮の神厩舎（しんきゅうしゃ）には、「見ざる、言わざる、聞かざる」で有名な3匹の猿が掘られています。これは、子どもに悪いものを見せず、聞かせず、悪い言葉を言わせない、という教えを説いていると考えられています。

目、耳、口を隠している3匹の猿。

## ③ 徳川家康のほかに、どんな戦国武将が神様に転身したの？

**A 織田信長、豊臣秀吉、上杉謙信、真田幸村などです。**

織田信長は建勲(けんくん)神社に、豊臣秀吉は豊国大明神として豊国(とよくに)神社に祀られています。上杉謙信、真田幸村、武田信玄なども、それぞれの名前がついた神社に祀られています。

織田信長を祀る建勲神社（京都府）。

豊臣秀吉を祀る豊国神社（京都府）。

武田信玄を祀る武田神社（山梨県）。

上杉謙信を祀る上杉神社（山形県）。

真田幸村を祀る真田神社（長野県）。

## ④ 神様になった軍人を教えて。

**A 乃木希典(のぎまれすけ)や東郷平八郎(とうごうへいはちろう)がいます。**

乃木神社（東京都）に祀られている陸軍将軍・乃木希典や、東郷神社（東京都）に祀られている海軍元帥・東郷平八郎が元軍人の神様として有名です。どちらも日露戦争で大きな功績を残しました。

都心の真ん中にある乃木神社。

勝利の神様として有名な東郷神社。

Q 神社の主要なお祭りが
　春と秋に多いのはなぜ？

伊勢神宮（三重県）の神嘗祭の様子（神宮司庁提供）。

## A 農耕の節目だからです。

日本では、いつもどこかでお祭りが行われているイメージがありますが、特に多いのが春と秋。それは、日本人が稲作を生業としてきたからにほかなりません。春には神社に豊作を祈願するお祭り、秋には収穫に感謝するお祭りが行われます。神嘗祭（かんなめさい）は、伊勢神宮において、その年に収穫された新米を天照大御神にお供えし、その恵みに感謝する祭事です。

祭り〜農耕の祭り

# 神様に感謝を捧げ、ご加護を願う。それがお祭り本来の姿です。

お祭りの語源は「まつる（奉・献）」ことだといわれています。
「まつる」とは、神様や貴人に供物を供えること。
神饌を供えて感謝を捧げ、
平安無事や五穀豊穣を願うのがお祭りなのです。

## ① 宮中ではどんなお祭りを行うの？

### A 季節ごとに祭儀が執り行われています。

宮中では、季節ごとに農耕にまつわる神事やご先祖様を祀る霊祭が行われています。大祭では、天皇陛下自ら祭典を行い、御告文（おつげぶみ）を奏上します。そのほか、天皇陛下が拝礼する小祭などを加えると、年間の祭儀は20件ほどになります。天皇陛下はこうした祭儀で国家安泰や五穀豊穣を祈られます。

宮中では毎年20件ほどの祭儀が行われています。

## ② 宮中の祭儀の中でいちばん重要なのはなに？

### A 新嘗祭です。

新嘗祭は宮中で行われる最重要の祭儀とされています。毎年11月23日、天皇陛下が国民の代表として収穫を感謝し、自ら育てた米を使った供物を神前に供え、その後、自らも食べられる神人共食の神事です。天皇が即位する際に行われる新嘗祭は「大嘗祭（だいじょうさい）」と呼ばれ、即位儀礼の中で最も大切な儀式とされています。

新嘗祭では1年の収穫に感謝します。

132

## Q3 夏のお祭りには威勢よく華やかなものが多いのはなぜ？

### A 疫病退散を願う儀式だからです。

夏のお祭りは、夏に流行りやすい疫病の退散を祈願する儀式です。疫病は怨霊の祟りによって発生し、音楽や曲芸で怨霊をもてなせば祟りを封じ込めることができると考えられてきました。そのため、夏のお祭りにはや祇園祭（ぎおんまつり）やねぶた祭りなど、賑やかなものが多いのです。

京都府の祇園祭。

青森県のねぶた祭り（青森ねぶた祭コンベンション協会提供）。

## Q4 冬のお祭りにはどんなものがあるの？

### A 1年に感謝し、新年の幸せを祈るお祭りが多いです。

お正月は真冬の最も寒い時期ですが、正月のことを「新春」といい、「春を迎える」などともいいます。ここからもわかるように、冬のお祭りにはその年の幸福と豊作を祈るものがたくさんあります。

秋田県のなまはげ。怠け心を戒め、海山の幸をもたらす神様が「泣く子はいねがー」と大声で叫びながらやってきます。

田の神様に感謝を捧げる石川県のあえのこと（能登町提供）。

133

激しく揺さぶられ、水をかけられる深川八幡祭り（東京都）のお神輿。

Q お祭りのとき、お神輿（みこし）を乱暴に扱って神様は怒らないの？

# A 神様はむしろ喜んでいます。

お神輿は神様の乗り物です。しかし、乱暴に扱っても神様は怒りません。怒るどころか、激しく揺らせば揺らすほど活力がみなぎって喜び、多くのご利益にあずかれると考えられています。

祭り〜神輿

# お神輿に乗せられた神様は、地元を浄めてくれます。

お祭りの際、神様を乗せたお神輿が町内を練り歩きます。神様は自分の氏子たちの地域を巡行し、その暮らしぶりを見て、町や人々を浄め、幸いを授けようとしているのです。

## Q お神輿と山車はなにが違うの？

**A** お神輿は神様の乗り物、山車には神様が宿ります。

お祭りでは、お神輿に加えて山車もよく目にします。台車に、神木、鉾（ほこ）、人形、花などを飾りつけた華やかな山車は、お祭りの見所の1つです。お神輿が神様の乗り物であるのに対して、山車は神様がよりつくもの。つまり、神様を招き入れるための装置なのです。

三社祭（東京都）のお神輿。

川越まつり（埼玉県）の山車。

秩父夜祭（埼玉県）の山車。

## ② 祭囃子にはどんな意味があるの？

### A 悪霊を退散させる力があります。

お祭りを賑わせる祭囃子は、竹笛、太鼓、鉦（かね）などの楽器が奏でています。主旋律を担う竹笛は生命力を宿す「神降ろしの楽器」と呼ばれ、太鼓と鉦は悪霊を退散させる力をもっているといわれています。

竹笛。

太鼓。

鉦。　拍子木。

お祭りに祭囃子は欠かせません。

## ③ 「ワッショイ！」という掛け声を出すのはなぜ？

### A お神輿を担ぐ氏子衆が、動きを揃えるためです。

お神輿を担ぐ人たちが掛け声を出すのは、自分たちの動きを揃えるためです。明治時代に書かれた『東京風俗志』によると、「ワッショイ！」には「和一緒」という意味があったとされています。

掛け声を出して氏子衆は動きを揃えます。

---

### ★COLUMN★ 各地の掛け声

お祭りの掛け声はさまざまです。おなじみの「ワッショイ！」は「ソイヤ！」が訛ったものとされていますが、「ソイヤ！」も幅広く使われています。ねぶた祭り（青森県）の「ラッセラー！」「ヤーヤドー！」は合戦の出陣の際の掛け声だったとか。ほかに、花笠まつり（山形県）の「ヤッショ、マカショ」、よさこい祭り（高知県）の「ヨッチョレヨ！」など、掛け声1つとってもさまざまなバリエーションがあるのです。

白装束の氏子たちが松明の火の粉を浴びせ、浄めていきます。

Q 迫力満点のお祭りを教えて。

## A
## 那智の火祭りが圧巻です。
（な ち）

熊野三山の1つ、熊野那智大社（和歌山県）の「那智の火祭り（正式名は扇祭り）」は、12基の扇神輿を滝まで運び、炎が燃え盛る12本の松明（たいまつ）の火で浄めるお祭りです。氏子たちが松明を抱え、円を描くように火の粉を浴びせる光景は必見です（那智勝浦町観光協会提供）。

祭り〜激しい祭り

# 火は穢(けが)れを焼き払い、心身を浄めてくれると信じられています。

神様は不浄を嫌うので、人は神前では清浄でいなければなりません。
火はすべてを焼き尽くす、生命力と活力の象徴。
そこから火は、穢れを焼き払い、
五穀豊穣をもたらす神聖なものと信じられてきたのです。

## ① 禊祓(みそぎはらえ)の考え方は、なにに由来するの？

**A** 神話の中に、元になったエピソードがあります。

禊祓とは、穢れや罪を取り除くことを意味します。穢れを取り除くのが禊で、黄泉の国から戻った伊弉諾尊(いざなきのみこと)が裸になって沐浴したという神話に由来します。一方、祓は罪を取り除くためのもの。素盞鳴尊(すさのおのみこと)が髭と手足の爪を切られて高天原から追放された「解除(はらえ)」がルーツです。

浄化のために火や水を用いるお祭りが多いです。

## ② 茅(ち)の輪(わ)くぐりも祓の一種なの？

**A** 祓いになると考えられています。

毎年初夏に催される「夏越(なごし)の祓」。このとき行われる茅の輪くぐりも穢れを祓い、長寿を与えてくれます。一礼してくぐって左にまわり、一礼して右にまわる。次に一礼して左にまわり、一礼してくぐって正面に進むのが作法です。

寒川神社(神奈川県)の夏越の祓え。

## Q3 ほかに、迫力のあるお祭りはないの？

### A 岸和田だんじり祭があります。

大阪の「岸和田だんじり祭」は、各町自慢のだんじり（地車）を勇ましい男性たちが引きまわします。時速15kmといわれる速さで進み、曲がり角で直角に向きを変える「やりまわし」が最大の見所です。

猛スピードでの疾走と豪快な方向転換が見所です。

## Q4 迫力のあるお祭りをもっと教えて。

### A 御柱祭も有名です。
（おんばしらまつり）

長野県の諏訪大社では7年に1度、御柱祭が行われます。男性たちがまたがるご神木が急坂を滑り落ちる「木落し」には、大変な危険がともないますが、またがった人には福が訪れるといわれています。

傾斜40度、100mの坂を一気に下ります。

141

# Q
## 神前結婚式の
## 特徴を教えて。

三三九度の儀式は江戸時代
以降に定着したとされています。

A
## 三三九度の盃を行います。
さんさんくど　さかずき

神前結婚式は、三三九度の盃という儀式が特徴です。「三三」は吉数の3を重ねためでたい数とされ、新郎新婦は3杯のお酒を9回に分けて飲みます。「夫婦固めの杯」とも呼ばれます。

通過儀礼

# 明治以降、神社での結婚式が、広く一般に普及しました。

神前結婚式は、古くから行われていたと思われがちですが、一般に普及したのは明治時代に入ってからです。
宮中の賢所（かしこどころ）で行われた大正天皇の婚儀がきっかけとなり、東京・飯田橋の東京大神宮で神前結婚式が始まりました。

### ① 神前結婚式の式次第を教えて。

**A** 伝統の式次第を元に、各神社で独自の段取りがなされます。

神前結婚式の流れは、まず参列者全員がお祓いを受けます。次に祝詞（のりと）が奏上され、三三九度の盃が交わされ、新郎が誓詞（せいし）を奏上します。その後、新郎新婦で神様に玉串（たまぐし）を捧げて拝礼し、親族一同でお神酒（みき）を交わして終了です。最近では、指輪交換が組み込まれた流れが一般的になっています。

### ② 神様に捧げる玉串（たまぐし）にはどんな意味があるの？

**A** 祈りを捧げるものです。

榊の枝に紙垂をつけた玉串は、祈りを捧げる神聖なものです。玉串を捧げることには、神様とのつながりを確認し、霊力を受け取るという意味があります。

神社で夫婦の契りを結ぶ男女。

玉串は神社の象徴的な奉納物です。

## Q3 なぜお葬式は、神社でなくお寺で催すの？

**A** 神社でもお葬式は行われていますが……。

神道には、死者の穢(けが)れを嫌うという考えがあります。そこで仏教がお葬式を担うようになり、江戸時代に檀家(だんか)制度ができると国民すべてが仏式を採用するようになりました。しかし現在では、神葬祭も盛んに行われています。

神棚は死者ではなく、神様を祀る祭壇です。

## Q4 初宮参りはどこの神社にお参りすればいいの？

**A** 氏神様の神社に行くのが一般的です。

初宮参りは、氏神様に子供の誕生を報告し、ご加護を願うための行事です。そのため、住んでいる地域の氏神様を祀っている神社にお参りします。

子供が健やかに育つよう、神社で神様のご加護を願いましょう。

## Q5 3歳、5歳、7歳でお祝いするのはなぜ？

**A** 陰陽道(おんみょうどう)の影響といわれています。

奇数を縁起のいい数字とする陰陽道の影響だといわれています。かつては通過儀礼として、3歳は男女ともに髪を伸ばし始め、5歳は男児が袴をはき始め、7歳は女児が大人と同じ帯を結ぶようになる年齢でした。

お参りする女の子。

# 全国神社マップ

**都府県別**

### 京都府
石清水八幡宮 P97
宇治上神社 P8
北野天満宮 P29、122
貴船神社 P118、120
芸能神社 P45
建勲神社 P129
皇大神宮 P68
白峯神社 P125
豊国神社 P129
伏見稲荷大社 P21、98、100
藤森神社 P104
平安神宮 P2
松尾大社 P29
八坂神社 P8、65

### 島根県
出雲大社 P18、25、42、70、72、82、84
神魂神社 P20、85
物部神社 P12

### 兵庫県
自凝島神社 P64
西宮神社 P104

### 鳥取県
大神山神社 P109
金持神社 P45

### 滋賀県
多賀大社 P54

### 山口県
松陰神社 P49
元乃隅稲成神社 P4、25

### 広島県
厳島神社 P28、86、88

### 岡山県
吉備津神社 P14
天王八幡神社 P97

### 福井県
氣比神宮 P24

### 大分県
宇佐神宮 P21、96
富来神社 P45

### 福岡県
鶏石神社 P29
太宰府天満宮 P29、124
宮地嶽神社 P29
宗像大社 P8、36、110、112

### 佐賀県
武雄神社 P58
宝当神社 P45
祐徳稲荷神社 P101

### 愛媛県
大山祇神社 P12、113

### 大阪府
今宮戎神社 P102
住吉大社 P113
水無瀬神宮 P125

### 熊本県
上色見熊野座神社 P30

### 香川県
金刀比羅宮 P113

### 鹿児島県
蒲生八幡神社 P32

### 和歌山県
神倉神社 P34
熊野那智大社 P93、138
熊野速玉大社 P92
熊野本宮大社 P92
飛瀧神社 P36
丸高稲荷神社 P160

### 宮崎県
青島神社 P49
天岩戸神社 P40、66
槵觸神社 P76
高千穂神社 P41

**山形県**
上杉神社 P129

**青森県**
岩木山神社 P109

**長野県**
真田神社 P129
諏訪大社 P26、73、141
戸隠神社 P68

**宮城県**
南宮神社 P32

**石川県**
白山比咩神社 P109

**栃木県**
宇都宮二荒山神社 P12
日光東照宮 P21、126、128、156
日光二荒山神社 P12

**富山県**
雄山神社 P109、158

**茨城県**
大洗磯前神社 P22　鹿島神宮 P24、114、116
笠間稲荷神社 P101　筑波山神社 P36

**群馬県**
雷電神社 P121

**埼玉県**
調神社 P29
三峯神社 P29
氷川神社 P16
六塚稲荷神社 P100

**千葉県**
香取神宮 P116
坂戸神社 P68

**愛知県**
熱田神宮 P37
豊川稲荷 P101

**神奈川県**
鎌倉宮 P125
寒川神社 P140
鶴岡八幡宮 P28、94、97
森戸神社 P112

**東京都**
浅草神社 P50
太田神社 P45
亀戸天神社 P124
神田神社 P125
東京大神宮 P44
東郷神社 P129
波除神社 P105
乃木神社 P129
日枝神社 P24、29
明治神宮 P33

**三重県**
伊勢神宮 P8、10、12、
20、24、37、78、80、131
猿田彦神社 P77

**山梨県**
金櫻神社 P6
武田神社 P129
武田八幡宮 P16

**奈良県**
天石立神社 P68
大神神社 P9
春日大社 P49
手向山八幡宮 P97

**静岡県**
渭伊神社 P8
富士山本宮浅間大社 P108
山宮浅間神社 P8

※本書で紹介した104社。

147

# 全国神社データリスト

## 熱田神宮 P37
- 所在地 ● 愛知県名古屋市熱田区神宮1-1-1
- アクセス ● 名鉄神宮前駅下車、徒歩約3分
- 主祭神 ● 熱田大神
- 主なご利益 ● 国家安泰、家内安全

## 出雲大社 P18、25、42、70、72、82、84
- 所在地 ● 島根県出雲市大社町杵築東195
- アクセス ● 一畑電車出雲大社前駅下車、徒歩約10分
- 主祭神 ● 大国主神
- 主なご利益 ● 縁結び、子授かり、商売繁盛

## 伊勢神宮 P8、10、12、20、24、37、78、80、131
- 所在地 ● 三重県伊勢市宇治館町1（内宮）
- アクセス ● 近鉄・JR伊勢市駅下車、バスで約20分
- 主祭神 ● 天照大御神
- 主なご利益 ● 国家安泰

## 厳島神社 P28、86、88
- 所在地 ● 広島県廿日市市宮島町1-1
- アクセス ● JR宮島口駅下車、フェリーで約10分
- 主祭神 ● 宗像三女神
- 主なご利益 ● 家内安全、商業繁栄、海上安全

| 神社名 | 所在地 | 主なご利益 | 掲載ページ |
| --- | --- | --- | --- |
| 青島神社 | 宮崎県宮崎市青島2-13-1 | 縁結び、安産、交通安全 | P49 |
| 浅草神社 | 東京都台東区浅草2-3-1 | 心願成就 | P50 |
| 天石立神社 | 奈良県奈良市柳生町柳生字岩戸谷789 | 諸願成就、技芸上達 | P68 |
| 天岩戸神社 | 宮崎県西臼杵郡高千穂町大字岩戸1073-1 | 商売繁盛、家内安全、病気平癒 | P40、66 |
| 渭伊神社 | 静岡県浜松市北区引佐町井伊谷1150 | 厄災除け、安産、子孫繁栄 | P8 |
| 今宮戎神社 | 大阪府大阪市浪速区恵美須西1-6-10 | 商売繁盛、漁業繁栄 | P102 |
| 岩木山神社 | 青森県弘前市百沢字寺沢27 | 開運招福、農漁商工業繁栄 | P109 |
| 上杉神社 | 山形県米沢市丸の内1-4-13 | 諸願成就 | P129 |
| 宇治上神社 | 京都府宇治市宇治山田59 | 学業成就、合格祈願、満願成就 | P8 |

## 石清水八幡宮 P97

- 所在地 ● 京都府八幡市八幡高坊30
- アクセス ● 京阪電鉄八幡市駅下車、男山ケーブル男山山上下車、徒歩約5分
- 主祭神 ● 応神天皇
- 主なご利益 ● 国家鎮護、厄除け開運、家運隆盛

## 宇佐神宮 P21、96

- 所在地 ● 大分県宇佐市南宇佐2859
- アクセス ● JR宇佐駅下車、バスで約10分
- 主祭神 ● 応神天皇
- 主なご利益 ● 国家鎮護、成功勝利

## 大山祇神社 P12、113

- 所在地 ● 愛媛県今治市大三島町宮浦3327
- アクセス ● JR今治駅下車、バスで約60分
- 主祭神 ● 大山祇神
- 主なご利益 ● 諸運成就

## 鹿島神宮 P24、114、116

- 所在地 ● 茨城県鹿嶋市宮中2306-1
- アクセス ● JR鹿島神宮駅下車、徒歩約10分
- 主祭神 ● 武甕槌神
- 主なご利益 ● 開運招福、諸災厄除け、海上守護

| 神社名 | 所在地 | 主なご利益 | 掲載ページ |
|---|---|---|---|
| 宇都宮二荒山神社 | 栃木県宇都宮市馬場通り1-1-1 | 勝運、厄除け | P12 |
| 大洗磯前神社 | 茨城県東茨城郡大洗町磯浜町6890 | 縁結び、商売繁盛、病気平癒 | P22 |
| 大神山神社 | 鳥取県米子市尾高1025 | 産業発展、五穀豊穣、邪気退散 | P109 |
| 太田神社 | 東京都文京区春日1-5-2北野神社内 | 招福、芸能 | P45 |
| 大神神社 | 奈良県桜井市三輪1422 | 諸願成就、産業開発 | P9 |
| 自凝島神社 | 兵庫県南あわじ市榎列下幡多415 | 健康長寿、良縁堅固、夫婦和合 | P64 |
| 雄山神社 | 富山県中新川郡立山町立山峰1 | 勝利祈願、良縁祈願、厄除 | P109、158 |
| 春日大社 | 奈良県奈良市春日野町160 | 開運、厄除け、夫婦円満 | P49 |
| 笠間稲荷神社 | 茨城県笠間市笠間1 | 商売繁盛、厄除け、家内安全 | P101 |

149

## 香取神宮 （かとりじんぐう） P116

- 所 在 地 ● 千葉県香取市香取1697
- アクセス ● JR佐原駅下車、タクシーで約10分
- 主 祭 神 ● 経津主神
- 主なご利益 ● 開運招福、諸災厄除け、海上安全

## 北野天満宮 （きたのてんまんぐう） P29、122

- 所 在 地 ● 京都府京都市上京区馬喰町
- アクセス ● 京福電鉄北野白梅町駅下車、徒歩約5分
- 主 祭 神 ● 菅原道真
- 主なご利益 ● 学業成就、書道・和歌・武道上達

## 吉備津神社 （きびつじんじゃ） P14

- 所 在 地 ● 岡山県岡山市北区吉備津931
- アクセス ● JR吉備津駅下車、徒歩約10分
- 主 祭 神 ● 吉備津彦命
- 主なご利益 ● 商売繁盛、勝利祈願、長寿延命

## 貴船神社 （きふねじんじゃ） P118、120

- 所 在 地 ● 京都府京都市左京区鞍馬貴船町180
- アクセス ● 叡山電車貴船口駅下車、バスで貴船下車、徒歩約5分
- 主 祭 神 ● 高龗神
- 主なご利益 ● 良縁成就、復縁、夫婦和合

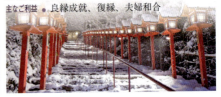

| 神社名 | 所在地 | 主なご利益 | 掲載ページ |
|---|---|---|---|
| 金櫻神社 （かなざくらじんじゃ） | 山梨県甲府市御岳町2347 | 金運、厄難解除 | P6 |
| 鎌倉宮 （かまくらぐう） | 神奈川県鎌倉市二階堂154 | 厄除け | P125 |
| 神倉神社 （かみくらじんじゃ） | 和歌山県新宮市神倉1-13-8 | 家内安全 | P34 |
| 上色見熊野座神社 （かみしきみくまのいますじんじゃ） | 熊本県阿蘇郡高森町上色見2619 | 縁結び、商売繁盛 | P30 |
| 亀戸天神社 （かめいどてんじんしゃ） | 東京都江東区亀戸3-6-1 | 学業成就、病気平癒、運気向上 | P124 |
| 蒲生八幡神社 （かもうはちまんじんじゃ） | 鹿児島県姶良市蒲生町上久徳2259-1 | 殖産興業、学問芸術、安産 | P32 |
| 神魂神社 （かもすじんじゃ） | 島根県松江市大庭町563 | 縁結び、授児安産、開運招福 | P20、85 |
| 金持神社 （かもちじんじゃ） | 鳥取県日野郡日野町金持74 | 金運向上、必勝祈願、開運招福 | P45 |
| 神田神社 （かんだじんじゃ） | 東京都千代田区外神田2-16-2 | 除災厄除、縁結び、商売繁盛 | P125 |

## 熊野本宮大社 P92
- 所在地 ● 和歌山県田辺市本宮町本宮1110
- アクセス ● JR新宮駅下車、バスで約80分
- 主祭神 ● 素盞嗚尊
- 主なご利益 ● 必勝祈願、殖産興業、家内安全

## 氣比神宮 P24
- 所在地 ● 福井県敦賀市曙町11-68
- アクセス ● JR敦賀駅下車、バスで約5分
- 主祭神 ● 気比大神
- 主なご利益 ● 衣食住、海上安全、農漁業・交通安全

## 金刀比羅宮 P113
- 所在地 ● 香川県仲多度郡琴平町892-1
- アクセス ● 琴平電鉄琴電琴平駅下車、徒歩約15分
- 主祭神 ● 大物主神
- 主なご利益 ● 海上守護、航海安全

## 白山比咩神社 P109
- 所在地 ● 石川県白山市三宮町ニ105-1
- アクセス ● 北陸鉄道鶴来駅下車、バスで約15分
- 主祭神 ● 白山比咩大神
- 主なご利益 ● 五穀豊穣、縁結び

| 神社名 | 所在地 | 主なご利益 | 掲載ページ |
|---|---|---|---|
| 槵觸神社（くしふるじんじゃ） | 宮崎県西臼杵郡高千穂町三田井713 | 諸願成就 | P76 |
| 熊野那智大社（くまのなちたいしゃ） | 和歌山県東牟婁郡那智勝浦町那智山1 | 無病息災、長寿、諸願成就 | P93,138 |
| 熊野速玉大社（くまのはやたまたいしゃ） | 和歌山県新宮市新宮1 | 五穀豊穣、航海安全 | P92 |
| 鶏石神社（けいせきじんじゃ） | 福岡県福岡市東区香椎4-16-1 | 諸願成就 | P29 |
| 芸能神社（げいのうじんじゃ） | 京都府京都市右京区嵯峨朝日町23（車折神社内） | 芸能・諸芸上達 | P45 |
| 建勲神社（けんくんじんじゃ） | 京都府京都市北区紫野北舟岡町49 | 大願成就、難局突破、国家安泰 | P129 |
| 皇大神社（こうたいじんじゃ） | 京都府福知山市大江町内宮宮山217 | 国家安泰、五穀豊穣 | P68 |
| 坂戸神社（さかどじんじゃ） | 千葉県袖ケ浦市坂戸市場1441 | 厄除け、技芸上達 | P68 |
| 真田神社（さなだじんじゃ） | 長野県上田市二の丸1-12 | 合格祈願、夫婦円満、子宝・安産 | P129 |

## 住吉大社 P113

- 所在地 ● 大阪府大阪市住吉区住吉2-9-89
- アクセス ● 南海住吉大社駅下車、徒歩約5分
- 主祭神 ● 住吉三神
- 主なご利益 ● 海上安全、諸業繁栄、縁結び

## 諏訪大社 P26、73、141

- 所在地 ● 長野県諏訪市中洲宮山1
- アクセス ● JR茅野駅下車、徒歩約30分
- 主祭神 ● 建御名方神
- 主なご利益 ● 国土安穏、武運長久、五穀豊穣

## 太宰府天満宮 P29、124

- 所在地 ● 福岡県太宰府市宰府4-7-1
- アクセス ● 西鉄太宰府駅下車、徒歩約5分
- 主祭神 ● 菅原道真
- 主なご利益 ● 学業成就、書道・和歌・武道上達

## 手向山八幡宮 P97

- 所在地 ● 奈良県奈良市雑司町434
- アクセス ● JR奈良駅下車、バスで大仏殿春日大社前下車、徒歩約15分
- 主祭神 ● 応神天皇
- 主なご利益 ● 出世開運、武運長久、良縁祈願

| 神社名 | 所在地 | 主なご利益 | 掲載ページ |
|---|---|---|---|
| さむかわじんじゃ<br>寒川神社 | 神奈川県高座郡寒川町宮山3916 | 厄除け、開運招福 | P140 |
| さるたひこじんじゃ<br>猿田彦神社 | 三重県伊勢市宇治浦田2-1-10 | 交通安全、方位除け | P77 |
| しょういんじんじゃ<br>松陰神社 | 山口県萩市椿東1537 | 学力上昇、合格祈願 | P49 |
| しらみねじんぐう<br>白峯神宮 | 京都府京都市上京区飛鳥井町261 | 球技上達、芸能上達、社運隆昌 | P125 |
| たがたいしゃ<br>多賀大社 | 滋賀県犬上郡多賀町多賀604 | 延命長寿、縁結び、家内安全 | P54 |
| たかちほじんじゃ<br>高千穂神社 | 宮崎県西臼杵郡高千穂町大字三田井1037 | 必勝祈願、殖産興業、家内安全 | P41 |
| たけおじんじゃ<br>武雄神社 | 佐賀県武雄市武雄町大字武雄5335 | 縁結び、夫婦円満、心願成就 | P58 |
| たけだじんじゃ<br>武田神社 | 山梨県甲府市古府中町2611 | 勝運、殖産興業 | P129 |
| たけだはちまんぐう<br>武田八幡宮 | 山梨県韮崎市神山町北宮地1185 | 出世開運、勝運招来 | P16 |

## 鶴岡八幡宮 （つるがおかはちまんぐう） P28、94、97

- 所 在 地 ● 神奈川県鎌倉市雪ノ下2-1-31
- アクセス ● JR鎌倉駅下車、徒歩約10分
- 主 祭 神 ● 応神天皇
- 主なご利益 ● 良縁成就、家内安全、商売繁盛

## 東京大神宮 （とうきょうだいじんぐう） P44

- 所 在 地 ● 東京都千代田区富士見2-4-1
- アクセス ● JR飯田橋駅下車、徒歩約3分
- 主 祭 神 ● 天照大御神
- 主なご利益 ● 良縁成就、商売繁盛、家内安全

## 東郷神社 （とうごうじんじゃ） P129

- 所 在 地 ● 東京都渋谷区神宮前1-5-3
- アクセス ● JR原宿駅下車、徒歩約3分
- 主 祭 神 ● 東郷平八郎
- 主なご利益 ● 必勝祈願、航海安全、夫婦和合

## 西宮神社 （にしのみやじんじゃ） P104

- 所 在 地 ● 兵庫県西宮市社家町1-17
- アクセス ● 阪神電鉄西宮駅下車、徒歩約5分
- 主 祭 神 ● 蛭子神
- 主なご利益 ● 商売繁盛、開運招福、豊漁守護

| 神社名 | 所在地 | 主なご利益 | 掲載ページ |
|---|---|---|---|
| 調神社（つきじんじゃ） | 埼玉県さいたま市浦和区岸町3-17-25 | 勝運、金運、開運招福 | P29 |
| 筑波山神社（つくばさんじんじゃ） | 茨城県つくば市筑波1 | 縁結び、夫婦和合、家内安全 | P36 |
| 天王八幡神社（てんのうはちまんじんじゃ） | 岡山県新見市哲多町蚊家1708 | 諸願成就 | P97 |
| 戸隠神社（とがくしじんじゃ） | 長野県長野市戸隠3506 | 雨乞い、五穀豊穣、良縁成就 | P68 |
| 富来神社（とみくじんじゃ） | 大分県国東市国東町富来892 | 金運向上、商売繁盛 | P45 |
| 豊川稲荷（とよかわいなり） | 愛知県豊川市豊川町1 | 開運招福、商売繁盛、家内安全 | P101 |
| 豊国神社（とよくにじんじゃ） | 京都府京都市東山区大和大路正面茶屋町530 | 出世開運、仕事成就、地震除け | P129 |
| 波除神社（なみよけじんじゃ） | 東京都中央区築地6 | 災難除、厄除け、商売繁盛 | P105 |
| 南宮神社（なんぐうじんじゃ） | 宮城県多賀城市南宮 | 諸願成就 | P32 |

## 日光東照宮 P21、126、128、156

- 所在地 ● 栃木県日光市山内2301
- アクセス ● 東武日光駅下車、バスで表参道下車、徒歩約3分
- 主祭神 ● 徳川家康
- 主なご利益 ● 開運長寿、商売繁盛、家内安全

## 乃木神社 P129

- 所在地 ● 東京都港区赤坂8-11-27
- アクセス ● 地下鉄乃木坂駅下車、徒歩約1分
- 主祭神 ● 乃木希典
- 主なご利益 ● 必勝祈願、縁結び、学問成就

## 日枝神社 P24、29

- 所在地 ● 東京都千代田区永田町2-10-5
- アクセス ● 地下鉄赤坂駅下車、徒歩約3分
- 主祭神 ● 大山咋神
- 主なご利益 ● 出世開運、縁結び、安産祈願

## 富士山本宮浅間大社 P108

- 所在地 ● 静岡県富士宮市宮町1-1
- アクセス ● JR富士宮駅下車、徒歩約10分
- 主祭神 ● 木花開耶姫
- 主なご利益 ● 家庭円満、火難消除

| 神社名 | 所在地 | 主なご利益 | 掲載ページ |
|---|---|---|---|
| 日光二荒山神社 (にっこうふたらさんじんじゃ) | 栃木県日光市山内2307 | 縁結び、商売繁盛、安産・子授け | P12 |
| 氷川神社 (ひかわじんじゃ) | 埼玉県さいたま市大宮区高鼻町1-407 | 国家安泰、五穀豊穣 | P16 |
| 飛瀧神社 (ひろうじんじゃ) | 和歌山県東牟婁郡那智勝浦町那智山2 | 延命息災、病気平癒、縁結び | P36 |
| 藤森神社 (ふじもりじんじゃ) | 京都府京都市伏見区深草鳥居崎町609 | 勝運、学問成就 | P104 |
| 平安神宮 (へいあんじんぐう) | 京都府京都市左京区岡崎西天王町97 | 国土安穏、家内安全 | P2 |
| 宝当神社 (ほうとうじんじゃ) | 佐賀県唐津市高島523 | 金運向上、開運招福、子授け | P45 |
| 松尾大社 (まつおたいしゃ) | 京都府京都市西京区嵐山宮町3 | 皇城鎮護、酒造繁栄 | P29 |
| 丸高稲荷神社 (まるたかいなりじんじゃ) | 和歌山県橋本市紀ノ光台1 | 商売繁盛、健康、方策 | P160 |
| 三峯神社 (みつみねじんじゃ) | 埼玉県秩父市三峰298-1 | 災難除け、厄除け、商売繁盛 | P29 |

## 伏見稲荷大社（ふしみいなりたいしゃ） P21、98、100

- 所在地 ● 京都府京都市伏見区深草薮之内町68
- アクセス ● 京阪電鉄伏見稲荷駅下車、徒歩約5分
- 主祭神 ● 宇迦之御魂神
- 主なご利益 ● 五穀豊穣、商売繁盛、家内安全

## 宗像大社（むなかたたいしゃ） P8、36、110、112

- 所在地 ● 福岡県宗像市田島2331
- アクセス ● JR東郷駅下車、バスで約12分
- 主祭神 ● 宗像三女神
- 主なご利益 ● 航海安全、交通安全、縁結び

## 明治神宮（めいじじんぐう） P33

- 所在地 ● 東京都渋谷区代々木神園町1-1
- アクセス ● JR原宿駅下車、徒歩約3分
- 主祭神 ● 明治天皇
- 主なご利益 ● 家内安全、身体健全、商売繁盛

## 八坂神社（やさかじんじゃ） P8、65

- 所在地 ● 京都府京都市東山区祇園町北側625
- アクセス ● 京阪電鉄祇園四条駅下車、徒歩約5分
- 主祭神 ● 素戔嗚尊
- 主なご利益 ● 厄病除け、厄払い、病気平癒

| 神社名 | 所在地 | 主なご利益 | 掲載ページ |
|---|---|---|---|
| 水無瀬神宮（みなせじんぐう） | 大阪府三島郡島本町広瀬3-10-24 | 盗難除け、厄除け、心願成就 | P125 |
| 宮地嶽神社（みやじだけじんじゃ） | 福岡県福津市宮司元町7-1 | 開運招福、商売繁昌 | P29 |
| 六塚稲荷神社（むつづかいなりじんじゃ） | 埼玉県川越市元町2-8-12 | 商売繁盛、五穀豊穣 | P100 |
| 元乃隅稲成神社（もとのすみいなりじんじゃ） | 山口県長門市油谷津黄498 | 商売繁盛、大漁、海上安全 | P4、25 |
| 物部神社（もののべじんじゃ） | 島根県大田市川合町川合1545 | 鎮魂祈願、勝運、病気平癒、厄除け | P12 |
| 森戸神社（もりとじんじゃ） | 神奈川県三浦郡葉山町堀内1025 | 開運厄除、子授・安産、家内安全 | P112 |
| 山宮浅間神社（やまみやせんげんじんじゃ） | 静岡県富士宮市山宮740 | 子宝・安産、家庭円満 | P8 |
| 祐徳稲荷神社（ゆうとくいなりじんじゃ） | 佐賀県鹿島市古枝乙1855 | 金運向上、学業成就、厄除け | P101 |
| 雷電神社（らいでんじんじゃ） | 群馬県邑楽郡板倉町板倉2334 | 雷除け、厄除け、雨乞い、豊作祈願 | P121 |

神社巡りの旅はいかがでしたか？

日本人は無宗教とか信仰心が薄いとよくいわれます。
しかし、科学が発展した現代において
神社を見かけない町がほぼないことを考えると、
決してそんなことはないように思えます。

神社は日本文化の源流の1つ。
神社を知れば知るほど、
私たち自身を知ることになるのです。

★ 茂木貞純(もてぎ・さだすみ)

昭和26年、埼玉県熊谷市生まれ。國學院大學文学部神道学科卒業、同大学院博士課程神道学専攻修了。神社本庁で総務部長などを歴任。現在、國學院大學神道文化学部教授、熊谷市古宮神社宮司。主な著書に『日本語と神道』(講談社)、『神道と祭りの伝統』(神社新報社)など、監修書も多数ある。

**★ 主な参考文献（順不同）**

- 『日本人なのに知らない神社と神道の謎』茂木貞純監修（実業之日本社）

- 『日本の神様　ご利益事典』茂木貞純（大和書房）

- 『神道と祭りの伝統』茂木貞純（神社新報社）

- 『神社の由来がわかる小事典』三橋健（PHP研究所）

- 『日本の神社がわかる本』菅田正昭（日本文芸社）

- 『日本の神々がわかる神社事典』外山晴彦監修（成美堂出版）

- 『こんなに身近な日本の神々』安蘇谷正彦（毎日新聞社）

- 『日本の神々の事典』薗田稔　茂木栄監修（学研パブリッシング）

- 『神社の解剖図鑑』米澤貴紀（エクスナレッジ）

- 『神々が見える神社100選』芸術新潮編集部編集（新潮社）

- 『pen BOOKS 神社とは何か？』（阪急コミュニケーションズ）

雄山神社（富山県）。

世界でいちばん素敵な
# 神社の教室

2019年1月15日　第1刷発行
2024年12月1日　第7刷発行

| | |
|---|---|
| 監修 | 茂木貞純 |
| 編集 | ロム・インターナショナル |
| 写真協力 | アフロ、PIXTA、photolibrary |
| 装丁 | 公平惠美 |
| 本文デザイン | 伊藤知広（美創） |
| 発行人 | 塩見正孝 |
| 編集人 | 神浦高志 |
| 販売営業 | 小川仙丈 |
| | 中村崇 |
| | 神浦絢子 |
| 印刷・製本 | TOPPANクロレ株式会社 |
| 発行 | 株式会社三才ブックス |
| | 〒101-0041 |
| | 東京都千代田区神田須田町2-6-5 OS'85ビル 3F |
| | TEL：03-3255-7995 |
| | FAX：03-5298-3520 |
| | https://www.sansaibooks.co.jp/ |
| mail | info@sansaibooks.co.jp |
| facebook | https://www.facebook.com/yozora.kyoshitsu/ |
| Twitter | https://twitter.com/hoshi_kyoshitsu |
| Instagram | https://www.instagram.com/suteki_na_kyoshitsu/ |

※本書に掲載されている写真・記事などを無断掲載・無断転載することを固く禁じます。
※万一、乱丁・落丁のある場合は小社販売部宛にお送りください。送料小社負担にてお取り替えいたします。

©三才ブックス2019

満開の桜の下に建つ丸高稲
荷神社の鳥居（和歌山県）。